Das große Jahreshoroskop 2018 Liebe und Leben im Jahr der Venus

antonia | langsdorf

Inspirationen zu den Konstellationen im Jahr der Venus

Neptun im Harmonieaspekt zu Pluto:

"Wenn die Macht der Liebe über die Liebe zur Macht siegt, wird die Welt Frieden finden". Jimi Hendrix

Venus in der Waage:

„Du und ich - wir sind eins. Ich kann dir nicht wehtun, ohne mich zu verletzen." Mahatma Gandhi

Neptun in den Fischen:

„Ein Tropfen Liebe ist mehr als ein Ozean Verstand." Blaise Pascal

Uranus im Harmonieaspekt zur Venus:

„Was du liebst, lass frei. Kommt es zurück, gehört es dir - für immer." Konfuzius

Sonne in Verbindung zum Mondknoten:

„Jeder Mensch begegnet einmal dem Menschen seines Lebens, aber nur wenige erkennen ihn rechtzeitig." Gina Kaus

Jupiter in Harmonie zu Neptun:

„Liebe ist das einzige was wächst, wenn wir es verschwenden." Ricarda Huch

Venusjahr mit Saturn im Steinbock:

„Wenn einem die Treue Spaß macht, dann ist es Liebe." Julie Andrews

Antonia Langsdorf

Das große Jahreshoroskop 2018

Liebe und Leben im Jahr der Venus

Bibliografische Information der Deutschen Nationalbibliothek:
Die Deutsche Nationalbibliothek verzeichnet diese Publikation in der Deutschen Nationalbibliografie; detaillierte bibliografische Daten sind im Internet über http://dnb.dnb.de abrufbar.

Cover Design: **Kristin Geisler,** www.blonddesign.de

Illustration: Sandra Piller, www.werbedesign-piller.de

Lektorat: Hans Schneider, www.nischen-master.com

Herstellung und Verlag: BoD – Books on Demand, Norderstedt

ISBN: 978-3-746-0627-09

MIX
Papier aus verantwortungsvollen Quellen
Paper from responsible sources
FSC® C105338

Inhaltsverzeichnis

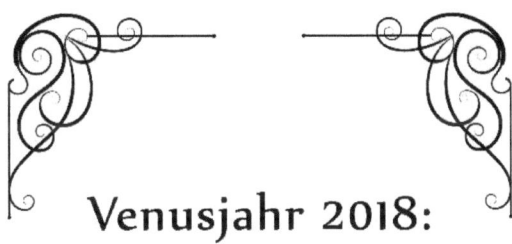

Venusjahr 2018:

Die kosmische
Schwingung

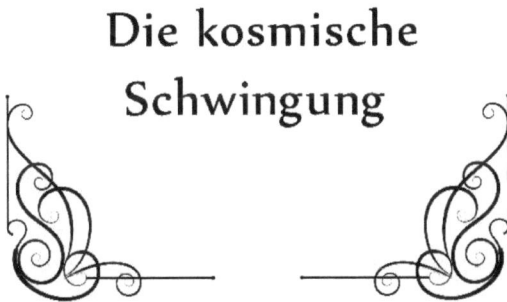

Die wichtigsten kosmischen Tendenzen im Überblick

2018 wird ein Jahr des Wandels. Viele Energien haben sich seit dem Herbst verändert. Saturn hat das Zeichen gewechselt und seine Reise durch den Steinbock begonnen. Dabei wird er 2018 durch die 1. Dekade des Steinbocks laufen. Das ist ein Faktor für mehr Stabilität in der Gesellschaft. Auch Uranus verändert die Energie, denn er bewegt sich ab Mai und bis November vom Widder in den in den Stier, innerhalb der 1. Dekade. In politischer Hinsicht kann das ab Mai die Stabilität erhöhen, man ist nicht mehr so schnell bereit, Kriege anzufangen, und sich in

Streits und Konflikten zu engagieren, und das ist ja dringend nötig. Die Konstellationen sind sozusagen weniger entflammbar. Das erste Vierteljahr ist allerdings noch spannungsgeladen, Uranus geht ja auch erst im Mai in den Stier, er wird von November bis März 2019 noch mal in den Widder zurückkehren, ehe er dann für sieben Jahre durch den Stier läuft. Der Wunsch nach Weltfrieden ist groß, das zeigt Neptun, der weiterhin in den Fischen steht, und zwar in der 2. Dekade. Und der wird unterstützt durch Glücksplanet Jupiter, der bis November 2018 durch den Skorpion geht und zwar durch die 2. und 3. Dekade. Diese beiden Planeten bilden bis August 2018 einen sehr schönen Aspekt, sowohl für die Liebe, als auch für den Weltfrieden. Deswegen besteht Hoffnung, dass die Kräfte des Friedens in der Welt Gehör finden werden. Pluto steht ja ebenfalls im Steinbock in der 2. Dekade und wird sich einige Male positiv mit Jupiter und Neptun verbinden. Das bedeutet, Staatsführer werden Fortschritte bei Verhandlungen machen und versuchen, mehr Stabilität zu erreichen. Mit Saturn im Steinbock gibt es verstärkte Anstrengungen, Gesetze zu erschaffen, die die Menschen und ihren Besitz schützen. Für die Liebe ist wichtig, dass der Mondknoten noch bis zum November durch den Löwen geht und zwar durch die 2. und 1. Dekade des Löwezeichens. Das heißt, wir sind auch 2018 gefordert, kreativ zu sein und unserem Herzen zu folgen. Anschließend geht der Mondknoten dann ins Zeichen Krebs, und das bedeutet, die fürsorgliche, nährende und familienbildende Kraft des Krebses wird dann hoch im Kurs stehen und das bis Mai 2020.

Dann haben wir 2018 noch einen sehr wichtigen Zeichenwechsel, von April bis September wechselt Chiron von den Fischen in den Widder. Im individuellen Horoskop schaue ich mir Chiron an, wenn es um die körperliche und seelische Gesundheit geht. Für die Welt könnte dieser

Übergang bedeuten, dass sich spektakuläre neue Heilmethoden entwickeln und dass wir Durchbrüche bei der Erkenntnis haben werden, wie Krankheit und Heilung wirklich funktionieren. Ab Februar 2019 geht Chiron dann endgültig ins Zeichen Widder bis zum Jahr 2026. Auch Lilith wird 2018 das Zeichen wechseln und zwar geht sie im August vom Steinbock in den Wassermann, wo sie sich dann mit Mars trifft und für manches Beziehungsdrama sorgen wird, dabei geht es häufig um das Spiel zwischen Nähe und Distanz. Ich werde mich allen diesen Themen in ausführlichen Videospecials widmen. Chiron ist ein sehr interessanter Horoskopfaktor für Menschen, die sich für Heilung, Psychologie, Grenzwissenschaften und Spiritualität interessieren. Uranus ist natürlich extrem wichtig, weil er Zukunftstrends anzeigt und auch im persönlichen Horoskop ein starker Antrieb ist, sich weiterzuentwickeln. Und auch Lilith ist sehr wichtig für unser persönliches Erleben, weil sie uns motiviert, uns treu zu bleiben.

In der astrologischen Tradition wird 2018 ein Jahr der Venus.

Ich hatte Euch im Jahreshoroskop 2017 ja schon erläutert, dass das nur eine traditionelle Zuordnung ist, die eigentlich keine kosmische Relevanz hat. Aber es ist eine Inspiration und sie lenkt unsere Aufmerksamkeit auf die Venus und damit auf die Liebe. Wenn wir uns nun die Liebeschancen für 2018 anschauen, dann ist dafür vor allem der wunderschöne Aspekt zwischen Romantikplanet Neptun, der in den Fischen steht, und Glücksplanet Jupiter im Skorpion zuständig. Dreimal verbinden sich diese beiden Kräfte miteinander, beginnend jetzt im Dezember, dann wieder im Mai 2018 und schließlich noch mal Ende August. Und noch bis November bleibt Jupiter im Skorpion, d.h., die beiden Planeten korrespondieren weiterhin miteinander, auch wenn sie nicht mehr im direkten Aspekt stehen. Man kann also sagen, dass 2018 über weite Strecken viel Liebe in der Luft liegt, viel Sehnsucht, Beziehungen einzugehen, und auch viel romantische Schwärmerei. Sowohl unsere persönlichen Beziehungen, als auch unsere Arbeits-und Jobbeziehungen sind sehr wichtig für uns. Natürlich sind uns auch Flirt, Spaß und heißer Sex weiterhin wichtig, aber 2018 geht der Trend mehr in Richtung seriöser, verlässlicher Partnerschaften. Sexuelle Experimente und Mehrfachbeziehungen verlieren an Bedeutung, das Augenmerk geht eher darauf, mit wem man wirklich etwas aufbauen kann. Letztes Jahr hatten wir oft diese Spannung zwischen Jupiter in der Waage und Uranus im Widder, da war man sehr experimentierfreudig und manchmal war auch der schöne Schein wichtiger als die verlässliche Bindung. Doch jetzt steht Jupiter im Skorpion und wir wollen den Schatz in der Tiefe heben, in der tiefen Verbindung und auch in der Erkenntnis, dass man sich auf einander verlassen können muss, um miteinander etwas aufzubauen. Und Saturn im seriösen Steinbock will, dass wir Verantwortung übernehmen. Deshalb suchen wir nach Liebe, aber mit Verantwortung, also eine Beziehung, auf die man sich einlässt und in der man gemeinsame Verpflichtungen eingeht, und in der beide dazu stehen können. Nebenbei bemerkt zeigt Saturn auch an, dass väterliche Figuren hoch im Kurs stehen. Es werden sich wahrscheinlich viele Beziehungen mit großem Altersunterschied ergeben, weil man die Reife und Weisheit des Partners schätzt. Und die Konstellationen bedeuten natürlich auch, dass bestehende Beziehungen, die liebevoll sind und gut funktionieren, jetzt Auftrieb erhalten. Man weiß eben, was man aneinander hat.

Venus und Mars

In der 2. Jahreshälfte zeigen die Liebestendenzen etwas stürmischere Zeiten an. Venus und Mars beide rückläufig und bilden dabei teilweise superheiße Spannungsaspekte zueinander, wobei auch die wilde Lilith und Unruhestifter Uranus noch kräftig mitmischen. Es kann zu Konflikten kommen, bei denen es um das Thema geht, ob Absprachen eingehalten werden, ob man sich aufeinander verlassen kann. Besonders zwischen September und November sind wir geneigt, Beziehungen zu beenden, wenn der Partner unzuverlässig oder nicht bereit ist, Verantwortung zu übernehmen, denn das erscheint uns als Zeitverschwendung. Wir sind ja auf der Suche nach verlässlichen Beziehungen. Wer den Partner oder die Beziehung nicht ernst nimmt, steht dann plötzlich wieder alleine da. Es liegt also ganz viel Liebe in der Luft, aber wir können es uns nicht leisten, sorglos damit umzugehen.

Saturn im Steinbock

Und das hat natürlich ganz viel mit Saturn zu tun. Saturn steht im Steinbock, und das bedeutet: Die Zeit der Ausflüchte ist vorbei. Es reicht nicht mehr, große Reden zu schwingen. Saturn wird uns fragen: Was wirst Du tatsächlich tun? Was wirst Du unternehmen? Was sind Deine Absichten, Deine Ziele, und was gedenkst Du zu erreichen? Wir müssen Verantwortung übernehmen. Sowohl bei der Arbeit, als auch in unserem Beziehungsleben gilt: Unser Verhalten hat Konsequenzen. Wenn wir nicht die geforderte Leistung bringen, wird man uns feuern. Wenn wir unseren Partner betrügen, wird er uns fallen lassen. Wenn wir jedoch unsere Verantwortung ernst nehmen und uns engagieren, dann werden wir eine gute Beziehung haben und bei der Arbeit erfolgreich sein. 2018 kann ein gutes Jahr sein, um eine Ehe einzugehen, denn Neptun und Jupiter sorgen für romantische Stimmung, und Saturn zeigt uns, dass die Ehe eben auch ein Vertrag für ein gemeinsames Leben ist. Übrigens weist Saturn auch darauf hin, dass es 2018 wohl häufig am Arbeitsplatz prickeln wird. Wenn man eng zusammenarbeitet und dabei erfolgreich ist (und im Jahr 2018 werden viele Leute sehr erfolgreich sein), dann kann daraus Liebe werden. Denn Erfolg macht sexy.

Finanzen

Was das Finanzielle angeht, so sind wir 2018 besonders erfolgreich, wenn wir mit anderen an einem Strang ziehen. Gemeinsame Finanzprojekte, gemeinsame Verantwortung, gemeinsame Anschaffungen in einer Partnerschaft stehen unter guten Sternen. Natürlich können wir auch als Einzelkämpfer erfolgreich sein, weil Saturn harte Arbeit einfach belohnt. Aber wir können unseren finanziellen Erfolg maximieren, wenn wir uns mit anderen zusammenschließen. Das große Geld fließt zu Gruppen aus mehreren Personen, Partnerschaften und Syndikate sind begünstigt. Der Trigon Aspekt zwischen Jupiter und Neptun ist nämlich auch ein wohlstandsbildender Aspekt.

Kultur

Wahrscheinlich wird es auch ein Jahr mit tollen Kunst-und Musikevents werden. Vielleicht entwickelt sich noch mal ein ganz neuer Musik- und Tanzstil. Zu den Konstellationen würden auch spektakuläre Benefizkonzerte passen, bei denen sich große Popstars zusammentun, um Menschen zu helfen, die in Not geraten sind. Auch im Privatleben werden viele Menschen Wege finden, zu helfen und andere zu unterstützen. Ich denke da zum Beispiel an die vielen, die ihre Angehörigen selbstlos pflegen oder die sich ehrenamtlich für Hilfsprojekte engagieren. Sie werden mit einem tiefen Empfinden dafür belohnt, wie sinnvoll und notwendig ihre Tätigkeit ist und wie sie sich dabei selbst spirituell weiterentwickeln.

Die Highlights und die kritischen Phasen der Liebesplaneten, die wichtigen Sonnen- und Mondfinsternisse und die Rückläufigkeitsphasen des Merkurs.

Wir starten in das neue Jahr mit einem prägnanten Vollmond am 2. Januar, der in eine auffällige Drachenfigur eingebunden ist. Die Konstellationen sind bis zum 9. Januar harmonisch, danach kommt es bis Mitte Januar zu einigen Spannungen mit Venus. Der Neumond am 17. Januar im Steinbock ist noch einmal gut geeignet, um über das Thema Manifestation und Verantwortung zu meditieren. Die zweite Monatshälfte wird dann relativ friedlich, die Aspekte lassen uns Raum, liegen gebliebenes zu erledigen oder einfach mal auszuspannen. Am 31. Januar haben wir einen zweiten Vollmond, und der erscheint dann als totale Mondfinsternis. Das wird für einige Sternzeichen ein sehr emotionaler Moment. Alle Einzelheiten zu diesen Konstellationen erfahrt Ihr in der kosmischen Schwingung für den Januar.

Am 15. Februar haben wir dann eine Sonnenfinsternis auf 27° Wassermann. Die wirkt zwar nicht so stark, weil sie nur partiell ist, aber für alle diejenigen, die durch die totale Sonnenfinsternis im August 2017 große Veränderungen in ihrem Leben erfahren haben, ist jetzt sozusagen ein erster Höhepunkt erreicht. Das ist eine gute Gelegenheit, um einmal zurück zu blicken, und Euch darüber klar zu werden, welchen Weg Ihr bisher zurückgelegt habt und wie es im kommenden Jahr weitergehen soll.

Eine besonders romantische Zeitqualität haben wir vom 11. Februar bis zum 7. März, streicht Euch die schon mal im Kalender an. Da geht die Venus durch die Fische und verbindet sich mit dem großen Romantikaspekt des Jahres. Das ist besonders schön für die Erdzeichen Stier, Jungfrau und Steinbock und die Wasserzeichen Krebs, Skorpion und Fische.

Eher kritisch wird dann die Zeit von Mitte bis Ende März, denn dann geht die Venus durch den Widder und bildet harte Spannungen zu den Planeten im Steinbock, also zu Saturn, Lilith und Pluto. Das ist dann eine Sollbruchstelle, wenn in Beziehungen etwas im Argen liegt oder auch, wenn man sich auf eine Geschichte eingelassen hat, bei der man merkt, das könnte gefährlich werden, und sie dann vielleicht lieber beendet, bevor Schaden angerichtet wird.

Da haben wir dann auch die erste Rückläufigkeit von Merkur, die beginnt am 23. März und geht bis zum 15. April, und das Ganze im Zeichen Widder.
Vom 4. April bis 20. April haben wir eine sehr gute Phase mit der Venus im Stier, sie bildet Harmonieaspekte zu Saturn, Lilith und Pluto, und das fördert die Kräfte der Kreativität, Sinnlichkeit und Manifestation. Das ist eine gute Zeit, um Beziehungen zu stabilisieren, um das Erreichte zu genießen, und für viele ist es auch finanziell eine schöne Zeit, um sich gemeinsam etwas leisten zu können.

Vom 1. bis 20. Juni erwarte ich eine sehr leidenschaftliche Liebesphase. Die Sterne stehen erst sehr romantisch und fordern uns aber dann auch auf, uns wirklich für unsere Beziehungen einzusetzen. Wenn wir uns in dieser Zeit auf die Liebe einlassen, kann das unser Leben verändern.

Vom 17. bis 20. Juni geht die Venus in den Löwen und verbindet sich mit dem Mondknoten, und genau gegenüber steht der Mars. Das ist sehr selten, dass die beiden Liebesplaneten in einer direkten Konfrontation stehen und sehr leidenschaftlich. Und weil die Mondknotenachse beteiligt ist, denke ich, dass es eine selten kraftvolle Gelegenheit ist, auf einen Seelenpartner zu treffen, aber verbunden mit der Gefahr, dass dadurch das bisherige Leben aufgewühlt wird. Mit dem im Mars absteigenden Mondknoten könnte ich mir gut vorstellen, dass sich Liebhaber aus der Vergangenheit noch einmal melden, was durchaus schwierig sein kann, wenn man mittlerweile schon anderweitig gebunden ist. Aber spannend ist es auf jeden Fall.

Eine interessante schöne Venuskonstellation haben wir rund um die Sonnenfinsternis am 13. Juli. Das ist eine partielle Sonnenfinsternis, das heißt sie ist nicht annähernd so stark in der Wirkung wie die vom August 2017, aber wir haben vielversprechende Konstellationen in dieser Phase, an denen auch die großen Planeten, die für echte Veränderungen im Leben sorgen, beteiligt sind. Das bedeutet, wir sind romantisch gestimmt und außerdem in der Lage, nicht nur zu schwärmen und zu spielen, sondern auf der Basis dieser Gefühle echte, substantielle Beziehungen zu entwickeln.

Der Romantikaspekt zwischen Jupiter und Neptun bleibt weiterhin dominant, trotzdem wird die zweite Jahreshälfte insgesamt schwieriger für unsere Liebesbeziehungen. Am 26. Juni beginnt die Rückläufigkeitsphase vom Mars, die bis zum 27. August andauert, und zwar in den Zeichen Steinbock und Wassermann. Das sind Zeiten, in denen wir das Gefühl haben, dass alle Aktivitäten zum Erliegen kommen. Man fühlt sich wie in einem Traum, wo man laufen möchte, sich aber nicht bewegen kann.

Wenn der Mars rückläufig wird, braucht man wirklich viel Geduld, Durchhaltevermögen und Gelassenheit. Und streckenweise ist auch noch gleichzeitig der Merkur rückläufig, nämlich zwischen dem 26. Juli und dem 19. August, und das Ganze im Zeichen Löwe. Für diese Zeit sollte man wirklich keine wichtigen Projekte planen, wo es drauf ankommt, schnelle Fortschritte zu erzielen. Man kommt nicht voran und Entscheidungen werden revidiert, weil wichtige Informationen fehlen. Am besten, man macht in dieser Zeit Urlaub oder beschränkt sich auf Aktivitäten, wo es nicht so drauf ankommt, dass man schnelle Fortschritte erzielt.

Am 6. August geht dann die wilde Lilith ins Zeichen Wasserman. Sie läutet eine Phase ein, in der Beziehungen trotz aller Liebe auch wieder zerbrechen können, weil wir heiß und kalt sind, weil wir Angst vor Nähe haben und dann wieder Angst vor dem Alleinsein. Auf einmal fürchten wir uns davor, uns einzulassen und unsere persönliche Freiheit zugunsten einer langfristigen Beziehung aufzugeben. Das macht aber nicht nur die Lilith alleine, auch die Liebesplaneten bilden in der zweiten Jahreshälfte kritische Aspekte, vor allem in der Zeit von Anfang September bis Ende November. Streckenweise liegen sie sozusagen Clinch miteinander, aber Unruhestifter Uranus und Lilith sind beteiligt, was eine Neigung zu exzentrischen Entscheidungen anzeigt.

Das schauen wir uns jetzt näher an:

Vom 9. bis 20. September bilden Venus und Mars einen leidenschaftlichen Spannungsaspekt, und zwar während der Mars sich durch den Wassermann bewegt und die Venus durch den Skorpion. Das bedeutet, die Leidenschaft ist zwar groß, aber es kann zu Konflikten kommen, bei denen es um das Thema geht, ob Absprachen eingehalten werden, ob man sich aufeinander verlassen kann.

Der Aspekt zeigt auch einen Konflikt unserer inneren Werte an: Wir stehen dann auf Bad Boys oder Bad Girls, wir fühlen uns von einer Person angezogen, von der wir eigentlich wissen, dass sie nicht gut für uns sein kann. Und dann sind wir hin und hergerissen: Sollen wir der großen Anziehung widerstehen, weil wir eigentlich etwas anderes wollen, nämlich eine seriöse, verlässliche Beziehung? Oder sollen wir dem Verlangen nachgeben, eine leidenschaftliche und intensive Affäre ausleben und uns später um die Probleme kümmern? Und weil die wilde Lilith noch ganz kräftig mitmischt, kann die Leidenschaft über uns hinwegrollen wie ein Tsunami und möglicherweise auch zerstörerisch wirken.

Mitte September bis Mitte Oktober ist die Beziehungslage besonders angespannt: da wird die Venus in Spannung zum Freiheitsplaneten Uranus gehen. Und weil sie ab dem 5. Oktober rückläufig wird, streift sie diesen wunden Punkt gewissermaßen mehrfach und erzeugt einen Spannungsbogen, der von Mitte September bis Ende November reicht. Während dieser Phase sind wir geneigt, Beziehungen zu beenden, wenn der Partner unzuverlässig oder nicht bereit ist, Verantwortung zu übernehmen, denn das erscheint uns als Zeitverschwendung. Wir sind ja auf der Suche nach Beziehungen, auf den wir etwas aufbauen können. Das gilt auch umgekehrt: wenn wir den Partner oder die Beziehung nicht ernst nehmen, stehen wir ganz schnell wieder alleine da. Es wird also ein sehr, sehr heißer Herbst. In dieser Zeit sollten wir gut auf uns und unsere Beziehungen achtgeben und die Konsequenzen unseres Tuns im Blick behalten.

Hier noch mal die genauen Daten: die Venus wird am 5. Oktober rückläufig auf 10° Skorpion. Am 31. Oktober geht sie zurück ins Zeichen Waage, und wird dort am 16. November wieder direktläufig, und zwar auf 25° Waage. Ab dem 2. Dezember geht sie erneut durch den Skorpion bis zum Jahresende. Ab dem 4. Dezember stehen die Liebessterne dann wieder ganz harmonisch, so als ob nichts gewesen wäre, nämlich der Mars in den Fischen und die Venus im Skorpion. Ich wage also die Voraussage, dass es für viele ein Happy End geben wird. Deshalb rate ich Euch für 2018, gerade in der kritischen Phase zwischen Anfang September und Anfang Dezember: macht die Tür nicht ganz zu, egal was passiert, egal wie Ihr Euch entscheidet. So haltet Ihr Euch die Chance offen, auf jemanden wieder zuzugehen, falls Ihr dann entdeckt, dass die schönen Gefühle doch noch da sind oder sich ganz zart wieder zurückmelden.

Sehr wichtig für die Schützen und die Zwillinge, aber auch für die Löwen, Widder, Waagen und Wassermanngeborenen wird der 8. November sein, denn ab diesem Zeitpunkt erhalten sie wieder günstige Aspekte von Jupiter auf ihre Sonne. Jupiter geht dann in den Schützen und zwar bis zum 2.12.2019. Das sind gute Nachrichten, denn Jupiter herrscht im Schützen und kann sich dort besonders gut entfalten. Und da wird er dann auch dringend benötigt, damit die ganzen Steinbock Kräfte sich nicht irgendwo festbeißen und zu rigide an ihren neuen Strukturen festhalten. Es ist gut, dass die visionäre Kraft des Schützezeichens dann aktiviert wird.

Am 17. November und bis zum 6. Dezember haben wir dann noch einmal eine Rückläufigkeitsphase mit Merkur, diesmal in den Zeichen Schütze und Skorpion.

Spätestens ab Mitte Dezember, über Weihnachten und zu Silvester, zeigen sich die Liebesplaneten ganz versöhnlich und kuschelig. Da haben wir schöne, kosmische Chancen für ein Happy End unterm Weihnachtsbaum oder einen Heiratsantrag zu Silvester.

Die wichtigsten kosmischen Tendenzen
und der Erlebnishintergrund für 2018

2018 habt Ihr eine Menge Herausforderungen zu bestehen, wahrscheinlich vor allem beruflich. In Eurer Karriere kann es gewaltig aufwärtsge-
hen, aber dabei müsst Ihr häufig kämpfen und Euch durchsetzen. Das
wichtigste für Eure persönlichen Beziehungen wird sein, dass Ihr Euer
Herz öffnet, und dass Ihr bereit seid, Kompromisse einzugehen und auch
mal nachzugeben. Im letzten Jahr haben sich für Euch große und wichti-

ge Entwicklungen für die Partnerschaft ergeben. Viele Widder haben jemanden spannendes, neues kennengelernt oder sind mit dem festen Partner zusammen neue Wege gegangen. Solowidder hatten bestimmt viel Spaß beim Flirten und tolle Möglichkeiten, sich auszuprobieren. Im neuen Jahr geht der Fokus eher darauf, in einer Beziehung Verantwortung zu übernehmen und sich tiefer einzulassen. Bestimmt werden viele von Euch sich überlegen, mit dem Herzallerliebsten zusammenzuziehen oder zu heiraten, falls nicht schon geschehen, und wahrscheinlich macht Ihr Euch auch Gedanken darüber, gemeinsam etwas anzuschaffen oder Euer Geld gemeinsam anzulegen oder für die Zukunft vorzusorgen. Wenn Ihr Singles seid, kann es ein sehr romantisches Jahr für Euch werden, mit intensiven erotischen Erlebnissen, bei denen Ihr eine Menge über Euch selbst lernt.

Wenn Ihr in einer festen Beziehung seid, kann es passieren, dass Ihr gegenüber Eurem Partner zu fordernd auftretet, oder dass Ihr Euch einfach dagegen wehrt, wenn Euer Gegenüber Euch Kompromisse vorschlägt, vielleicht, weil Ihr das anstrengend findet, vielleicht, weil Ihr nicht einseht, Euch anzupassen und etwas zu ändern. Wenn es stressig wird, dann atmet tief durch und fragt Euch selber: Bin ich fair? Bin ich geduldig? Bin ich bereit, meiner Beziehung zuliebe Kompromisse einzugehen? Wenn Ihr das schafft, wird es gut laufen. Wenn nicht, dann kann ein Riss in Eurer Partnerschaft entstehen, der mit der Zeit immer tiefer wird. Die gute Nachricht zum Schluss: Spätestens ab November, wenn Jupiter ins Zeichen Schütze geht, bekommen Eure Beziehungen wieder Aufwind. Deshalb haltet durch!

Harmonieaspekt zum Mondknoten im 5. Haus:

Der Mondknoten im 5. Haus erinnert Euch daran, dass es nicht nur Arbeit und Kampf gibt, sondern auch Lebensfreude und Kreativität, und dass es darum geht, nicht egozentrisch, aber selbstbewusst an alle Herausforderungen heranzugehen. Und für Singles bringt diese Position des Mondknotens auch gute Chancen, eine schöne Romanze anzufangen. Eure Sexualität kann inniger und schöner werden, weil Ihr dabei auch Euer Herz öffnet. Das 5. Haus ist auch das Haus der Kinder. Deshalb habt ruhig den Mut, wenn Ihr einen Kinderwunsch habt, diesem Wunsch nachzugehen, egal wie viel beruflich und auch sonst in Eurem Leben los ist. Denn wenn eine Seele bei Euch inkarnieren will und Ihr offen dafür seid, dann wird sich auch Euer Leben drumherum so gestalten, dass Ihr das alles hinbekommt! Bis zum 6. November bleibt Euch der Mondknoten noch im 5. Haus erhalten, und dann kommt die Ablösung durch Jupiter, der Euch wieder optimistisch in die Zukunft blicken lässt.

Spannungsaspekt zu Saturn das ganze Jahr und noch bis 2020

Viele von Euch bewegen sich jetzt auf einen Gipfelpunkt der Karriere zu. Es warten neue Aufgaben und noch mehr Verantwortung auf Euch, vielleicht sogar der Chefposten. Es kann auch ein guter Zeitpunkt sein, um Euch nun selbstständig zu machen. Allerdings wird Saturn damit in einen Spannungsaspekt zur Widdersonne gehen. Das bedeutet, dass nun Entscheidungen anstehen, die für Euch nicht einfach sind. Vielleicht wird es schwierig, weil Ihr für Eure wichtigen Karriereentwicklungen Zeit mit der Familie oder in der Partnerschaft opfern müsst. Oder Ihr steht vor der Herausforderung, Euren Kollegen nun als Chef gegenüberzustehen. Und dieser Saturn Aspekt wirkt sich 2018 besonders stark aus für die Widder, die zwischen dem 21. März und dem 1. April Geburtstag haben.

Spannungsaspekt zu Pluto, noch das ganze Jahr und bis 2024

Pluto ist ja der Planet der Transformation und des Wandels und das ist ein ganz wichtiger Punkt im neuen Jahr für Euch: Ihr müsst offen sein für den Wandel und Veränderungen und bereit sein, Persönlichkeitsmuster hinter Euch zu lassen, die Euch in Eurer Entwicklung behindern. Es kann aber sein, dass da ein Teil in Euch ist, der erst mal Widerstand gegen den Wandel leistet und das kann dann zu Machtkämpfen führen. Das gilt sowohl für Eure Beziehungen als auch beruflich. Widdergeborene sind meistens psychisch recht robust und nicht so leicht aus der Fassung zu bringen. Doch Pluto kann Ereignisse bringen, die Euch richtig aufwühlen. Zum Beispiel durch den Verlust eines nahestehenden Menschen oder eine Trennung, oder wenn Ihr Euch ungerecht behandelt fühlt oder wenn Euch Menschen plötzlich ihre Unterstützung entziehen oder weil politische Entwicklungen in Eurer Firma dazu führen, dass sich alles verändert. Das sind Entwicklungen, die teilweise außerhalb Eurer Kontrolle liegen, und dann müsst Ihr Euch zähneknirschend anpassen. Die Plutokrise soll letztlich dazu dienen, dass Ihr unter diesem Druck Großes leistet und über Euch selbst hinauswachst. Pluto wird Euch mit Euren Schattenseiten konfrontieren, aber auch mit ungeahnten Stärken, die in Euch schlummern. Wenn Ihr mehr darüber wissen wollt, würde sich wirklich lohnen, eine persönliche Beratung in Anspruch zu nehmen. Und den Spannungsaspekt zu Pluto haben 2018 die Geburtstagskinder vom 2. Bis 13. April direkt auf ihrer Sonne doch auch die anderen Geburtstagskinder werden ihn jedes Mal spüren, wenn die schneller laufenden Planeten ihn aktivieren.

Spannungsaspekt zu Lilith, noch bis zum 6. August 2018

Ob Ihr nun innere oder äußere Kämpfe ausfechtet, es wird dabei darum gehen, ob Ihr Euren Zielen folgen und Euch dabei treu bleiben könnt. So kann die Konstellation den Kampf um Eure Karriere anzeigen, zum Beispiel, weil Ihr in der Firma aufsteigen wollt. Es kann zu Schwierigkeiten kommen, die mit der Situation einer Chefin zu tun haben, zum Beispiel, dass die Chefin schwanger wird. Und schließlich kann es auch bedeuten, dass Ihr Euch auf eine Affäre mit jemanden aus der Chefetage einlasst, was Komplikationen nach sich ziehen kann. Und herausgefordert werden 2018 die Geburtstagskinder vom 25. März bis 20. April.

Harmonieaspekt zu Lilith, ab dem 6. August und bis Mai 2019

Wenn die Lilith dann am 6. August in den Wasserman geht, ist das für den Rest des Jahres ein freundschaftlicher Aspekt. Das bedeutet, dass Ihr wahrscheinlich mit Eurem Kampf um Wahrhaftigkeit und Gerechtigkeit bis dahin ein gutes Stück vorangekommen seid und neue Freunde und Gleichgesinnte gefunden habt, die Euch nun unterstützen und auch beruflich mit Euch gut zusammenarbeiten. Es wird dann in der zweiten Jahreshälfte ein paar sehr spannende Konstellationen geben, wenn sich die Lilith mit Eurem Herrscher Mars verbindet. Mehr dazu im zweiten Teil dieses Kapitels. Lilith wird ab dem 6. August 2018 günstige Aspekte bilden für die Geburtstagskinder vom 20. März bis zum 8. April.

Konjunktion Uranus bis Mai 2018, dann noch mal ab November bis März 2019:

Für viele von Euch ist der Durchgang des unberechenbaren Uranus durch Euer Zeichen nun ausgestanden. Nur noch die Geburtstagskinder vom 13.-21. April haben diesen Einfluss direkt auf ihre Sonne, und zwar zwischen Januar und Mai, und dann noch einmal von November 2018 bis März 2019. Uranus bringt eine Energie von frischem Wind und Erneuerung, das kann Euch einen Durchbruch bringen oder auch in der Liebe einen neuen Partner. Für bestehende Beziehungen kann dieser Einfluss ein bisschen kritisch sein, weil man sich eben auch wünscht, dass alles neu sein möge und vielleicht die bestehende Beziehung als langweilig empfindet. Da würde ich Euch dann ganz ehrlich raten, nichts zu überstürzen. Geht lieber gemeinsam mit Eurem Schatz neue Wege. Für die Singles aus diesen Geburtstagen bringt die Konstellation sehr gute Chancen, 2018 einen spannenden neuen Partner zu finden.

Wenn Uranus in den Stier wechselt, wird er damit in Euer 2. Sonnenhaus gehen, und das gilt für alle Widdergeborenen bzw. Widder Aszendenten. Damit beginnt eine Phase, in der man finanziell immer wieder unerwartete Auf- und Abschwünge hat. Ideal ist die Konstellation für alle Widder, die keine Angst vor finanziellen Risiken haben und gerne spekulieren. Wer finanzielle Sicherheit bevorzugt, sollte vorsorgen, denn Uranus kann plötzliche hohe Gewinne bringen, ebenso wie plötzliche hohe Verluste. Da ist es dann gut, wenn man ein finanzielles Polster hat.

Jupiter im 8. Sonnenhaus bis zum 8. November 2018

Da geht es um das Thema, in Beziehungen finanzielle Verantwortung zu übernehmen. Seid in einer Partnerschaft? Dann könntet Ihr unter diesem Transit darüber nachdenken, wie Ihr Eure Ressourcen zusammenlegen könnt, um Euch gemeinsam etwas anzuschaffen. Das gilt aber auch für eine Geschäftspartnerschaft. Ihr könnt gute Verträge abschließen, Gespräche mit Eurem Bankern führen und auch einen Kredit aufnehmen. Das 8. Haus begünstigt auch Widder, die sich für Mystik und okkultes interessieren. Sie verstehen jetzt geheime Zusammenhänge oder haben Spaß am Forschen.

Harmonieaspekt von Jupiter ab dem 8. November und bis Dezember 2020

Am 8. November geht Jupiter dann in den Schützen und damit in einen Superaspekt zur Widdersonne, der wird Euch Glück bringen und Euch beschwingt machen. Sollte es 2018 streckenweise schwierig geworden sein, wird es Euch dann zum Ausklang des Jahres wieder leichtfallen, Eure glorreiche Zukunft zu sehen. Und die gesamte 1. Dekade des Widderzeichens kommt dann Ende 2018 schon in den Genuss dieses Aspektes. Das war Euer Erlebnishintergrund für 2018, für ein starkes Jahr mit einigen Herausforderungen, aber auch großen Wachstumschancen.

Die Highlights und die kritischen Phasen mit den Liebesplaneten Venus und Mars

Der Januar beginnt für Euch ziemlich aufregend: 5 Planeten haben sich im Steinbock versammelt, alle in Spannung zu Eurer Sonne, dabei auch die Venus und die wilde Lilith, und diese Spannung spitzt sich zu am 2. Januar zu Vollmond. Es kann also in der Liebe hoch her gehen bei Euch, ein Flirt oder eine Liebelei, die Ihr mit ins neue Jahr gebracht habt, kann sehr heiß werden, und vielleicht müsst Ihr sogar ein bisschen für Ruhe sorgen. Bei fest liierten Widdern droht das eine oder andere Scharmützel mit dem Partner, vielleicht weil sie sich gleich im neuen Jahr wieder in die Arbeit stürzen wollen, statt sich mehr der Liebe zu widmen. Keine Sorge: ab Mitte Januar wird es ruhiger und freundlicher. Der Neumond am 17. Januar steht für Euch im 10. Haus der Karriere, wenn Ihr da meditieren und Euch Ziele setzen wollt, dann denkt nach über Eure berufliche Entwicklung, und was Ihr im kommenden Jahr für Eure Karriere erreichen wollt. Ihr könnt auch über Eure wahre Berufung nachdenken und darüber, wie Ihr diesem persönlichen Ziel im neuen Jahr näherkommen könnt.

Ab dem 18. Januar geht die Venus in den Wassermann und damit in einen freundschaftlichen Aspekt zu Eurer Sonne, und das bis zum 11. Februar. Und vom 26. Januar bis zum 17. März habt Ihr den Mars in einem sehr guten Verhältnis zu Eurer Sonne, nämlich im Zeichen Schütze und das im 9. Haus der Reisen. Ideal für alle sportlichen Widder, die gerne Wintersport machen oder schon mal in die Sonne verreisen wollen. Wenn Ihr solo seid, würdet Ihr dabei nichts anbrennen lassen! Die Mondfinsternis am 31. Januar steht günstig für Euch, vielleicht müsst Ihr

Freunden zur Seite stehen, die an einer emotionalen Sache zu knabbern haben und sich über Euren Zuspruch und Eure Ablenkung freuen.

Vom 6. bis 31. März geht die Venus durch Euer eigenes Zeichen, das ist immer toll für die Ausstrahlung, um sich selbst etwas Gutes zu tun, und um andere Menschen zu becircen und zu verführen. Ihr kommt besonders gut bei anderen Menschen an, habt romantische Chancen oder könnt schöne Aktivitäten mit dem festen Partner erleben.

Auch wenn die Venus durch die Zwillinge geht, ist das immer ein erfreulicher Aspekt für die Widdergeborenen, und das passiert vom 24. April bis zum 19. Mai. Aufpassen nur bitte in der Zeit vom 5. bis zum 11. Mai, da kann es Missverständnisse geben, gerade bei Liebesnachrichten oder wenn Ihr jemanden im Internet kennengelernt habt.

Sehr wichtig für Euch ist die Phase, wenn Euer Herrscherplanet Mars rückläufig ist, und zwar vom 26. Juni bis zum 27. August in den Zeichen Wasserman und Steinbock. Macht Euch darauf gefasst, dass Ihr in dieser Zeit häufig das Gefühl habt, dass gar nichts mehr geht. Dass Ihr Euch fühlt wie in einem Traum, wo Ihr weglaufen wollt, Euch aber nicht bewegen könnt. Dann gilt: Keine Panik! Am besten Ihr nehmt Euch während dieser Zeit Urlaub und verlegt nicht gerade superwichtige Projekte in diese Phase. Da muss man einfach Geduld haben und gelassen bleiben. Doch die Konstellation bringt es auch mit sich, dass sich der Mars insgesamt fast 5 Monate im Zeichen Wasserman aufhält, und das ist grundsätzlich ein positiver Aspekt zur Widdersonne, besonders wenn er während dessen im Vorwärtsgang ist. Günstig für Euer Vorwärtskommen sind besonders die Zeiten vom 16. Mai bis zum 26. Juni, und vom

11. September bis zum 15. November. Weitere Einzelheiten darüber erfahrt Ihr dann in Euren Monatshoroskopen, wenn es soweit ist.

Vom 13. Juni bis 9. Juli geht die Venus durch den Löwen und aktiviert damit Euer Haus der Lebensfreude. Das bringt für Singles sehr interessante Chancen, neue Leute kennenzulernen. Vom 7. August bis 9. September läuft die Venus durch Euer Partnerhaus, das sind immer gute kosmische Nachrichten. Allerdings wird die Venus dabei auch eine Spannung zu Saturn bilden, und dann ist sie möglicherweise nicht so gut gelaunt und nicht in Flirtstimmung, und zwar in der Zeit vom 7. bis 13. August, wobei das vor allem die 1. Dekade der Widder betrifft. Doch danach gilt bis zum 9. September, dass Begegnungen und geselliges Beisammensein durch die Venus gefördert werden, und für alle Solowidder ergeben sich natürlich gute Gelegenheiten zum Flirten.

Am 5. Oktober und bis zum 16. November wird die Venus rückläufig und läuft dadurch zwischen dem 31. Oktober und dem 2. Dezember noch einmal durch Euer Partnerhaus. Das kann zunächst für einigen Liebeswirrwarr sorgen. Ein frisch eroberter Flirtpartner überlegt es sich vielleicht noch mal anders, oder es taucht jemand aus der Vergangenheit auf, der Eure bestehende Beziehung aufmischt, weil Euer Partner feststellt, dass es mit der Person immer noch prickelt. Da müsst Ihr dann gegebenenfalls Euer Territorium verteidigen. Ab Mitte November wendet sich das Blatt aber zu Euren Gunsten, wenn die Venus wieder im Vorwärtsgang ist. Rückenwind erhaltet Ihr auch durch Glücksplanet Jupiter, denn der wird ja ab dem 8. November in ins Zeichen Schütze gehen, und das ist super positiv für die Widdersonne. Diesen wunderbaren Glücksaspekt mit Jupiter genießt Ihr dann für die nächsten 13 Monate.

Jahreshoroskop

2018

Stier (20.4. - 21.5.)

Die wichtigsten kosmischen Tendenzen
und der Erlebnishintergrund für 2018

Liebe Stiergeborene, das wird ein schönes Jahr für Euch, besonders für die Liebe und Eure Beziehungen. Wenn Ihr noch nicht verheiratet seid, ist das Euer Jahr, um zu heiraten. Für fest liierte gilt: je mehr Liebe Ihr in Eure Beziehung hineingebt, desto erfolgreicher seid Ihr als Paar. Singles haben exzellente Chancen, einen Partner für eine gemeinsame Zukunft zu finden. Machtplanet Pluto und Spiritualitätsplanet Neptun stehen weiterhin sehr vorteilhaft für Euch, das kann Euch ein Gefühl von Machtzuwachs, gepaart mit Intuition geben, was für Euer Fortkommen sehr positiv sein dürfte. Glücksplanet Jupiter steht noch bis zum 8. November in Eurem Partnerhaus und begünstigt Eure Beziehungen. Es bahnt sich aber auch eine sehr wichtige neue Energie in Eurem Leben an, die abrupte und grundlegende Veränderungen mit sich bringt. Unruhestifter Uranus macht sich nämlich allmählich auf den Weg in Euer Zeichen. In den nächsten sieben Jahren wird sich für Euren Lebensstil einiges ändern, und das ist recht aufregend. Durch den günstigen Einfluss von den übrigen Planeten seid Ihr in der Lage, gute Pläne zu machen und gute Entscheidung zu treffen, die Raum für Veränderung und Neubeginn lassen. Jetzt schauen wir uns Euren Erlebnishintergrund genauer an, und wir fangen mit dem besten an:

Opposition Jupiter bis zum 8. November 2018

Glücksplanet Jupiter steht im Skorpion und damit in Eurem 7. Sonnenhaus, und das ist das Partnerhaus. Bis zum November 2018 erlebt Ihr eine Zeit erfüllender Begegnungen. Sei es in der Liebe oder sei es in Eurem Business: Ihr trefft jetzt einfach die richtigen Leute, mit denen Ihr gute Allianzen eingehen könnt und die Euch fördern oder die Ihr fördert. Wer auf der Suche nach einem tollen Partner ist, kann jetzt einen finden. Dabei wirken charismatische, aber auch geheimnisvolle Menschen auf Euch besonders anziehend. Vom Aspekt her ist es allerdings auch eine Spannung zu Eurer Sonne. Das heißt, Ihr lauft Gefahr, Euch vor lauter großartiger Optionen zu verausgaben und es mit der Arbeit, aber auch mit dem Vergnügen zu übertreiben. Und im Hinblick auf die Partnersuche müsst Ihr trotz aller Begeisterung schön auf dem Boden bleiben, denn übertriebene Erwartungen könnten sonst zu Enttäuschung führen. Geht die Sache ganz entspannt an, und lasst Euch Zeit, jemanden näher kennen zu lernen. Wer es ernst meint, läuft Euch nicht weg. Den direkten Aspekt von Jupiter empfangen 2018 die Geburtstagskinder vom 5. bis 20. Mai.

Harmonieaspekt von Neptun, noch das ganze Jahr und bis 2025

Auch Romantikplanet Neptun steht günstig für die Stiergeborenen und das bedeutet, eure romantische Seite blüht und gedeiht. Die Singles unter Euch finden bestimmt jemanden, bei dem sie ins Schwärmen geraten. Stiere in fester Partnerschaft sollten mit ihrem Schatz schöne Dinge unternehmen, zum Beispiel reisen an exotische Orte oder der Besuch von Kunstausstellungen oder Konzerten. Ihr seid auch sehr fantasievoll, was Euer Liebesleben angeht, und lasst Euch da so einiges einfallen, um Euren Partner zu verzaubern. Auch Liebesgeflüster steht unter guten Sternen, Ihr solltet Eure sexuellen Fantasien und Träume ruhig mit Eurem Schatz teilen. Dieser Aspekt wirkt besonders auf die Geburtstagskinder vom 1. bis 7. Mai, aber alle Stiergeborenen werden im Laufe des Jahres in den Genuss dieser Energie kommen. Mehr dazu erzähle ich Euch dann in den Monatshoroskopen.

Harmonieaspekt von Saturn, noch das ganze Jahr und bis 2020

Saturn wird das ganze Jahr 2018 über in einem förderlichen, substanzbildenden Aspekt zu Eurer Sonne stehen. Das bedeutet, das Thema der Nachhaltigkeit, das Ihr sowieso in die Welt bringt und worin Ihr besonders gut seid, steht nun hoch im Kurs. Mit Eurer Fähigkeit, geduldig Projekte zum Gedeihen und zum Blühen zu bringen, werdet Ihr Respekt und Anerkennung ernten. Man wird Euren Rat suchen und Euren Service in Anspruch nehmen. Beruflich wird das eine erfolgreiche Phase für Euch, und je nachdem, welche persönlichen Pläne Ihr nun verwirklichen wollt, auch in Eurem Privatleben. Saturn steht dann für Euch im 9. Sonnenhaus. Das heißt, es ist eine gute Zeit, um Weichen für die Zukunft zu stellen. Was habt Ihr noch für Pläne, die Ihr verwirklichen wollt? Welches Wissensgebiet wollt Ihr noch vertiefen? Das ist auch günstig für eine berufliche Fortbildung, in der Ihr etwas lernt, was Euch langfristig für die Zukunft nützlich ist. Falls Ihr noch große Reisen vorhabt, solltet Ihr diese jetzt planen, selbst wenn sie sich nicht sofort umsetzen lassen. Und Ihr werdet nun auch Eure wildesten Pläne und vielleicht auch Eure persönliche Philosophie einem Realitätsscheck unterziehen und gucken, ob sie Euch nützlich sind, und ob sie in Zukunft auch tragfähig sind. Wenn Ihr in der Bildung tätig seid, baut Ihr Euch vielleicht eine neue Struktur auf oder schreibt sogar ein Buch, was eine Basis für Eure zukünftigen Kurse sein wird. Umgekehrt könnt Ihr jetzt auch einen Meister finden, einen Guru oder eine Lehrerfigur, der oder die Euch im Leben ernsthaft weiterbringt. Und den Substanzaspekt von Saturn, der Euch beim manifestieren hilft, empfangen 2018 die Geburtstagskinder, die zwischen dem 21. April und dem 2. Mai Geburtstag haben.

Harmonieaspekt von Pluto, noch das ganze Jahr und bis 2024

Wenn Ihr Pluto günstig zu Eurer Sonne stehen habt, dann bedeutet das, dass sich das Leben insgesamt intensiviert. Ihr trefft besonders interessante, charismatische Menschen, die auch anstrengend sein können,

Euch aber faszinieren. Oder Ihr bildet Partnerschaften oder Allianzen, die Eure Kräfte verstärken und letztendlich auch lebensverändernd wirken. Damit das nun alles gut ausgeht, und das Potenzial dazu ist vorhanden, ist es sehr wichtig, dass Ihr mit solchen einflussreichen Menschen an einem Strang zieht. Denn jemand, der durch Pluto repräsentiert wird, hat oft noch eine geheime Agenda, über die er nicht gleich spricht. Bevor Ihr also mit jemandem eine wichtige, persönliche oder geschäftliche Partnerschaft eingeht, solltet Ihr für Transparenz sorgen. Dann kann sich daraus eine sehr machtvolle und auch finanziell vielversprechende Verbindung ergeben. Im persönlichen Erleben kann dieser Aspekt anzeigen, dass Ihr ein sehr intensives, sinnliches Sexleben habt und Eurerseits auch auf andere ungeheuer faszinierend wirkt. Am direktesten spüren diesen Aspekt die Geburtstagskinder, die zwischen dem 8. und 12. Mai geboren sind.

Harmonieaspekt von Lilith, noch bis zum 6. August 2018

Bis zum 6. August steht die Lilith für Euch in einem harmonischen Aspekt in Eurem 9. Sonnenhaus. Lilith ist eine furchtlose Abenteurerin, und wenn es schon lange Euer Wunsch war, einmal eine weite, abenteuerliche Reise zu unternehmen, dann ist der Lilith Transit dafür geeignet, in die Ferne zu schweifen, exotische oder auch erotische Abenteuer zu erleben, einfach ganz neue Erfahrungen zu machen. Es ist auch ein guter Aspekt, um die große Göttin zu finden, entweder auf Reisen, in dem Ihr alte Kultstätten weiblicher Verehrung aufsucht oder in Euch selbst. Ihr könnt Euch auch einer weiblichen Guru-Figur anschließen. Das Trigon von Lilith empfangen 2018 die die Geburtstagskinder vom 25. April bis zum 20. Mai.

Spannungsaspekt von Lilith ab dem 6. August 2018

Ab dem 6. August geht dann die Lilith in den Wassermann und damit in Spannung zur Stiersonne. Deswegen ist es eine gute Idee, wenn Ihr Euch mit Euren inneren, wilden und weiblichen Anteilen aussöhnt, dann seid Ihr besser auf diese Spannung vorbereitet. Lilith geht dann in Euer 10. Sonnenhaus und kann Kämpfe auf Eurem Karriereweg anzeigen, wobei es um die Gleichstellung von Mann und Frau geht, sie kann aber auch Schwierigkeiten mit weiblichen Vorgesetzten anzeigen. Diese Spannung auf die Stiersonne empfangen 2018 die Geburtstagskinder vom 20. April bis zum 8. Mai.

Der Mondknoten bewegt sich noch bis zum 6. November durch Euer Sonnenhaus der Familie und das ist auch ein ganz wichtiger Faktor. Er kann zum Beispiel anzeigen, dass eine neue Seele in Eure Familie Einzug hält, vielleicht eine Tochter oder ein Sohn oder ein Enkelkind, oder vielleicht heiratet eines Eurer Kinder und Ihr gewinnt Schwiegertochter oder Schwiegersohn dazu. Für viele Stiergeborene kann das auch eine Veränderung in ihrer Wohnsituation mit sich bringen. Ich kenne eine Stierfrau, die mit ihrer Familie in schönes Eigenheim gezogen ist, nachdem die Familie vorher zur Miete wohnte. Das ist eine ideale Entsprechung für den Mondknoten im 4. Haus!

Eintritt von Uranus in den Stier von Mai bis November, ab März 2019 bis 2025

Spannend wird der Eintritt von Uranus in Euer Zeichen von Mai bis November. Er bringt den Wunsch nach Erneuerung und Befreiung. Ideal ist das, wenn Ihr Single seid, denn Ihr wirkt dann sehr attraktiv und interessante neue Menschen kreuzen Euren Weg. Wenn Ihr jedoch in einer Beziehung seid, ist das kompliziert. Ihr möchtet vieles in Eurem Leben ändern, aber kann und will der Partner da mitziehen? Die Konstellation kann auch einen inneren Konflikt mit sich bringen, denn Ihr mögt stabile Verhältnisse und gebt nicht gern etwas auf, sei es Euer Lebensstil oder sei es die Partnerschaft. Die anderen Planeten werden Euch jedoch dabei helfen gute Entscheidungen zu treffen, in denen genug Raum für Veränderung ist, aber auch Stabilität, die bleibt. Die 1. die das spüren, sind die Geburtstagskinder vom 20. bis 23. April. Ab März 2019 geht Uranus dann endgültig und für die nächsten 7 Jahre durch den Stier.

Spannungsaspekt von Mars zwischen Mai und November 2018

Wichtig für den Erlebnishintergrund 2018 ist auch der Mars, denn er wird wegen seiner Rückläufigkeit im neuen Jahr insgesamt fast 5 Monate Spannungen zur Stiersonne bilden, und zwar in der Zeit vom 16. Mai bis 13. August und vom 11. September bis 15. November. Dabei wird er durch Euer Karrierehaus laufen. Das bedeutet, dass Ihr trotz vieler günstiger Gelegenheiten auch einige konflikthafte Situationen zu bestehen habt, vor allem wenn es um Euren Beruf oder auch um die Verwirklichung Eure persönlichen Ziele geht. Zum Glück erhaltet Ihr gleichzeitig so viel kosmische Unterstützung, dass Ihr dabei trotzdem vorankommen werdet. Ich denke, dass Ihr da eher auf der persönlichen Ebene darauf achten müsst, Kollegen, Vorgesetzte und Weggefährten nicht vor den Kopf zu stoßen, weil Ihr so viel Schwung habt und vielleicht nur Euer eigenes Ding verfolgt. In Teil 2 dieses Kapitels gehe ich darauf näher ein. Insgesamt habt Ihr für das neue Jahr sehr schöne und romantische Aussichten.

Die Highlights und die kritischen Phasen
mit den Liebesplaneten Venus und Mars

Die erste gute Venusphase des Jahres hat schon am 25. Dezember 2017 begonnen und geht dann bis zum 18. Januar 2018, da läuft die Venus durch den Steinbock und bildet einen starken Harmonieaspekt zur Stiersonne. Sie aktiviert Eure Lust, Pläne für Euer Liebesleben zu machen. In dieser Zeit verbindet sich die Venus auch mit Saturn, Lilith und Pluto und zum Teil ist auch die Sonne im Steinbock noch mit dabei. Das bedeutet: starken Spannung zu diesem Ihr bekommt in diesen Tagen schon mal einen Vorgeschmack auf langfristige Entwicklungen. Achtet einfach mal darauf, was sich in Eurem Leben so tut, das sind oft Themen, die Euch noch die nächsten Jahre begleiten werden. Ihr könnt den Neumond vom 17. Januar nutzen, um Eure Pläne und Wünsche für das kommende Jahr oder auch die nächsten drei Jahre noch einmal zu visualisieren. Ihr könnt Visionen entwickeln, die eine langfristige Tragweite haben. Ein bisschen achtgeben müsst Ihr auf den Mars, der läuft noch bis zum 26. Januar durch Euer Partnerhaus und trifft sich dabei anfangs auch mit Jupiter. Das kann Konflikte und Auseinandersetzungen anzeigen, aber auch sehr leidenschaftliche Begegnungen und Situationen in der Partnerschaft. Das hängt auch davon ab, welches Sternzeichen Euer Partner ist und ob er gerade viel Stress hat, oder ob er bereit ist, die Marsenergie in Form von Trieb und Lust gemeinsam mit Euch auszuleben. Euch würde ich jedenfalls raten, Diskussionen darum, wer Recht hat zu vermeiden. Mars im Skorpion kann auch einen Hang zu Sticheleien anzeigen, also lieber nicht provozieren. Geht lieber auf Schmusekurs.

Am 31. Januar haben wir dann eine Mondfinsternis, und die solltet Ihr im Auge behalten, da sie in einer starken Spannung zur Stiersonne steht.

Sie weist darauf hin, dass man mit Konflikten besonders emotional umgeht, oder dass sich jemand ausgeschlossen fühlt. Weil die Venus daran beteiligt ist, steht Ihr damit als Venuszeichen besonders in Resonanz. Die Konstellation wirkt bis zu 3 Wochen vorher und noch 3 Monate nachher, das ist ein Grund mehr, Streitigkeiten möglichst großräumig aus dem Weg zu gehen. Wenn Ihr das hinbekommt, dürft Ihr Euch auf eine super harmonische Phase vom 11. Februar bis zum 7. März freuen. Dann verspricht die Venus ein entspanntes Miteinander und außerdem auch einen guten Kontakt zu Euren Freunden, die Euch sicher gerne mit Rat und Tat zur Seite stehen. Da könnt Ihr also strittige Themen noch einmal in Ruhe durchsprechen und werdet zu einer Lösung kommen.

Genial ist für Euch die Phase zwischen dem 31. März und dem 24. April. Da läuft die Venus durch Euer eigenes Zeichen und da könnt Ihr jeden um den Finger wickeln – ob es nun ein Flirtpartner ist, oder ein wichtiger Geschäftskontakt. Alle werden sich drum reißen, auf die Beine zu stellen. Man kann Euch einfach nicht widerstehen!

Vom 9. Juli bis zum 6. August läuft die Venus dann durch die Jungfrau und bildet einen sehr schönen Aspekt zur Stiersonne. In dieser Zeit wird es Euch sehr gut gehen, Ihr erlebt sinnliche Zeiten mit Eurem Liebespartner und Ihr könnt ganz tolle Projekte manifestieren.

Dann gibt es auch ein paar Phasen, wo Ihr aufpassen müsst. Der Mars ist vom 26. Juni bis zum 27. August rückläufig. Und zwischen dem 26. Juni und dem 13. August bildet er ein paar stressige Aspekte zur Stiersonne, teilweise zusammen mit der wilden Lilith, und zwar für die erste Dekade. Da lauft Ihr Gefahr, gereizt zu reagieren und schneller als sonst die Fassung zu verlieren. Es kann auch sein, dass in dieser Zeit eine neu begonnene Liebschaft erst mal ins Stocken gerät, aber die ganze Sache kann dann Anfang September wieder in Gang kommen.

Spannend wird auch die Zeit vom 9. September bis 31. Oktober. In dieser Zeit geht die Venus in Euer Partnerhaus im Skorpion und wird dann am 5. Oktober rückläufig. Da passieren eine Menge Dinge. Zuerst bildet die Venus eine Spannung zu Uranus, der dann schon im Stier steht. Das bringt für die geborenen der ersten Dekade einen Vorgeschmack auf die Aufregungen in der Partnerschaft, die Uranus mit sich bringt, und zwar vom neunten bis zum 17. September. Praktisch zeitgleich bildet die Venus einen leidenschaftlichen und kratzbürstigen Aspekt zu Mars, und auch die wilde Lilith mischt da noch kräftig mit. Vielleicht seid Ihr dann auch selbst leidenschaftlich und kratzbürstig und geht womöglich unnötige Risiken in Bezug auf Eure Partnerschaft ein, durch einen unbedachten Flirt oder auch in dem Ihr mit dem Partner streitet. Wenn Ihr noch solo seid, kann das eine sehr spannende Zeit sein, um jemanden kennenzulernen, nach dem Motto: Was sich liebt, das neckt sich. Aber ganz einfach sind diese neuen Kontakte auch nicht, es kann zum Beispiel sein, dass Ihr einen inneren Konflikt erlebt: jemand fasziniert Euch, obwohl Ihr wisst, dass die Person gar nicht gut für Euch ist, und nun seid Ihr hin und hergerissen, ob Ihr Euch drauf einlassen sollt oder nicht. Lilith kann zudem anzeigen, dass Ihr Eure Beziehung gegen eine Konkurrentin verteidigen müsst. Ab dem 5. Oktober kommt noch dazu, dass vielleicht eine verflossene Liebschaft aus der Vergangenheit wiederauftaucht und das bringt dann noch mal neue emotionale Aufregungen mit hinein. Trefft in dieser Zeit keine vorschnellen Entscheidungen, erst nach dem 16. November seht Ihr wieder klarer, wenn die Venus wieder direktläufig wird.

Vom 2. Dezember bis zum 7. Januar 2019 läuft die Venus dann noch ein zweites Mal durch Euer Partnerhaus, dann im Vorwärtsgang. Bis zum Jahresende bildet sie dabei einen harmonischen Aspekt zu Mars. Das bedeutet, beide Liebesplaneten stehen superschön zur Stiersonne, sodass es für Euch ein sehr harmonischer Jahresausklang werden dürfte, ob nun mit dem festen Partner, oder mit der Chance, einen schönen Weihnachtsflirt anzufangen.

Jahreshoroskop

2018

Zwillinge (21.5. - 20.6.)

Die wichtigsten kosmischen Tendenzen
und der Erlebnishintergrund für 2018

Im neuen Jahr habt Ihr das Glück, dass die Liebesplaneten viele günstige Aspekte zur Zwillingesonne bilden, besonders im Juni und Juli sowie im August und September, verbunden mit sehr schönen Chancen für Singles, jemanden neues kennen zu lernen. Trotzdem verspürt Ihr häufig eine Sehnsucht in der Liebe, die sich nicht ganz erfüllen lässt. Ihr sehnt Euch nach einem Zustand, einem Ziel oder einem Menschen, und da passt auch schon vieles und vieles läuft auch schon gut, aber eben doch nicht alles. Aber Ihr könnt Euch jetzt schon darauf freuen, dass ab dem 8. November Glücksplanet Jupiter in Euer Partnerhaus gehen wird und viele Dinge sich dann wie von selbst ordnen und auf einmal doch passen.

Saturn ist seit Dezember aus der direkten Opposition mit der Zwillingesonne herausgegangen ist. Das wird für viele Zwillinge eine spürbare Erleichterung mit sich bringen. Wenn Ihr eine Partnerschaftskrise mit Euren Partner gemeinsam durchgestanden habt, dann könnt Ihr jetzt stolz auf Euch sein. Mancher Zwilling ist jetzt aber auch etwas gerupft, weil Saturn getrennt hat, was nicht mehr zusammengehörte. Wenn Ihr dazugehört, Kopf hoch: Die Liebesplaneten werden im Laufe des Jahres dafür sorgen, dass Ihr die Flirtchancen bekommt, die Euch zustehen!

Saturn geht dann jetzt in Euer 8. Sonnenhaus, und da geht es um Verpflichtungen, Verträge und Verlässlichkeit in Beziehungen. Wie gesagt, Ihr habt jetzt glücklich fast 3 Jahre Opposition zu Saturn hinter Euch gebracht, und da bestimmt was draus gelernt, zum Beispiel wie wichtig Verlässlichkeit und ernsthafte Beziehungen sind. Davon könnt Ihr jetzt profitieren und gemeinsame Werte in Eurer Beziehung bilden.

Spannungsaspekt von Neptun bis zum Jahresende und noch bis 2025

Neptun bleibt auch 2018 in einem herausfordernden Aspekt zu Eurer Sonne, der verbunden ist mit Vertrauensfragen. Er zeigt Herausforderungen für Euch an, vor allem, wenn es darum geht, sich verlässlich und vertrauenswürdig zu zeigen und gute Entscheidungen zu treffen. Als Zwillinge seid Ihr ja praktisch von Natur aus schon ein charmanter Flirt, aber die Frage ist immer, ob Ihr es auch ernst meint. Und mit diesem Aspekt kann man Eure Flirtsignale missverstehen. Ihr lächelt vielleicht nur ganz süß oder auch amüsiert, und Euer Gegenüber denkt, Ihr wäret heiß verliebt. Viele Zwillinge finden auch, dass der Flirt jede Art von Kommunikation leichter und angenehmer macht. Das stimmt ja auch. Aber Ihr solltet Euch darüber im Klaren sein, welchen Effekt Euer Verhalten auf andere hat. Das Problem ist leider, wenn man unter dem Einfluss von Neptun steht, ist man sich eben oft selbst nicht im Klaren darüber, was man tut. Aber als Zwillinge seid Ihr gute Beobachter, deswegen schaut einfach, welche Signale Euch Euer Gegenüber zurücksendet. Daran merkt Ihr schon, ob Ihr richtig verstanden wurdet oder nicht. Das ist wichtig, denn Euer Gegenüber erwartet, dass Ihr Euch an Versprechen auch haltet. Man wird Euch also auf Eure Aussagen festnageln. Besonders schwierig kann dieser Aspekt sein, wenn Ihr in einer festen Beziehung oder verheiratet seid und der Eindruck entsteht, Ihr würdet fremdflirten. Ihr fahrt am besten, indem Ihr Euch selbst zur Loyalität verpflichtet und im Zweifelsfalle auf das Vergnügen des Moments auch mal verzichtet, um Euren Partner nicht zu verletzen. Wenn Ihr eine neue Verbindung eingeht, solltet Ihr mit der 90-Tage-Regel auf Nummer sichergehen. Wartet 3 Monate ab, ehe Ihr Euch tiefer einlasst, wenn nach 3 Monaten immer noch großes Interesse auf beiden Seiten da ist, könnt Ihr die Sache ernst nehmen. Den Neptunaspekt direkt auf ihre Sonne empfangen in diesem Jahr die Geburtstagskinder vom 3. bis 7. Juni.

Harmonieaspekt von Uranus, Januar bis Mai und November bis März 2019

Für die Zwillinge der dritten Dekade steht Uranus, der Planet der Geistesblitze, noch bis Mai günstig und auch noch mal im November und Dezember. Er sorgt dafür, dass Euch die guten Ideen nicht ausgehen und lässt Euch auch sehr charismatisch wirken. Er bringt auch die Chance, interessante neue Verbindungen einzugehen, wo man sich gegenseitig geistig inspiriert. Besonders, wenn Ihr zwischen dem 15. und dem 21. Juni Geburtstag habt, werdet Ihr diese Zeiten genießen und Euch gut dabei amüsieren.

Harmonieaspekt vom Mondknoten bis zum 6.11.2018

Auch der Mondknoten steht noch fast das ganze Jahr über günstig zur Zwillingesonne. Er zeigt an, dass es Euch guttut, Eurer Lieblingsbeschäftigung nachzugehen, nämlich Euer Wissen zu erweitern, Informationen weiterzugeben und ins Gespräch zu kommen. Es geht darum, ob Ihr das lernt oder wisst, was Euch wirklich am Herzen liegt. Und über diese Schiene werdet Ihr auch neue Leute kennenlernen, wenn Ihr auf Partnersuche seid. Also, besucht Kurse, lernt Sprachen, macht kurze oder auch lange Reisen – das sind alles tolle Gelegenheiten, in Kontakt mit potentiellen Partnern zu kommen. Am 6. November verlässt dann der Mondknoten das Zeichen Löwe und geht in den Krebs, in Euer 2. Sonnenhaus. Dann wird es darum gehen, was ihr Euch wert seid und wie Ihr zum Thema Besitztümer steht, was Ihr braucht, um mit Euch selbst im Reinen zu sein.

Jupiter, Saturn, Pluto und Lilith

Die kosmischen Schwergewichte Jupiter, Saturn und Pluto und auch die Lilith bilden sogenannte Quincunx -Aspekte zu Eurer Sonne. Saturn, Pluto und Lilith stehen dabei in Eurem 8. Sonnenhaus. Sie fordern Euch auf, Euch mit dem Thema Verpflichtung für andere auseinanderzusetzen. Vom Grundcharakter her bleibt der Zwillingegeborene gerne neutral und hält sich alle Optionen offen, deswegen ist er auch so ein guter Vermittler und unparteiischer. Doch die Planeten fordern Euch auf, Partei zu ergreifen und Euch auf jemanden oder auch eine Sache einzulassen, auch finanziell. Das kann für den lässigen, lockeren Zwilling eine ganz schöne Herausforderung werden. Im Idealfall lasst Ihr Euch darauf ein, in Eurer Beziehung gemeinsam mit Eurem Partner neue Werte zu bilden oder den Grundstein für einen gemeinsamen Weg zu legen. Ich schätze, das wird vor allem im ersten Halbjahr schwierig, solange auch die wilde Lilith dort noch steht, denn sie will ja vor allem eines, nämlich unabhängig sein. Wenn Euch also jemand bedrängt, eine Verpflichtung einzugehen oder eine Versicherung abzuschließen oder auch zu heiraten, und Ihr einen inneren Widerstand dagegen spürt, dann solltet Ihr ein bisschen auf Zeit spielen. Ab dem 6. August seht Ihr das schon entspannter.

Glücksplanet Jupiter steht in Eurem 6. Sonnenhaus, und das weist darauf hin, dass Ihr recht glückliche und zufriedenstellende Arbeitsbeziehungen pflegt oder auch, dass es eine gute Phase ist, um in Eurer bestehenden Partnerschaft Beziehungsarbeit zu leisten. Es kann durchaus auch sein, dass Ihr Euch in eine nette Kollegin oder einen netten Kollegen verliebt. 2018 solltet Ihr für Euch zum Jahr der Gesundheit erklären, denn Glücksplanet Jupiter hilft Euch dabei, zum Beispiel einen guten Heiler zu finden, Eure Ernährung umzustellen und Euren täglichen Ritualen einen neuen Sinn zu geben. Es kann auch gut sein, dass Ihr Freude daran habt, Eure tägliche Umgebung neu zu dekorieren oder schöner zu gestalten oder vielleicht auch Euren Arbeitsplatz.

Harmonieaspekt von Lilith ab dem 6. August 2018 und bis Mai 2019

Ab dem 6. August wechselt die wilde Lilith das Zeichen, geht dann in den Wassermann und damit in einen richtig guten Aspekt zur Zwillingesonne. Für alle von Euch, die sich für das Wirken Liliths interessieren, beginnt dann eine Zeit, in der Ihr euch von den Gaben der alten Göttin gut inspirieren lassen könnt. Wenn Ihr dafür offen seid und vielleicht zur schreibenden Zunft gehört, werdet Ihr merken, wie Ihr gedanklich und von der Wortwahl her einen neuen, magischen Zugang zu Euren Themen finden werdet. Zeitweise wird sich Lilith dann mit Mars im Wassermann verbinden, beides im guten Aspekt zu den Zwillingen. Gut möglich, dass Ihr dann Lust habt, für Euch für das Thema Gleichberechtigung und Gerechtigkeit für Außenseiter einzusetzen, oder dass Ihr Fernweh verspürt und auf Visionssuche gehen möchtet. Oder Ihr bekommt Lust, ein Göttinnen-Seminar zu buchen. Den Lilith Aspekt spüren besonders die Geburtstagskinder vom 21. Mai bis 9. Juni.

Ab dem 8. November wird dann Glücksplanet Jupiter ins Zeichenschütze gehen und damit in Euer 7. Sonnenhaus, das Haus der Partnerschaft. Dann beginnt das Beziehungsleben wieder Spaß zu machen und Ihr seht vieles nicht mehr so kritisch. Ihr begegnet dann Menschen, die Euch wertschätzen und die Euch genauso wunderbar finden, wie Ihr seid. Es werden sich gute neue Verbindungen für Euch ergeben, sei es für Euer Business oder für Euer Privatleben, und es kommt wieder mehr Leichtigkeit auf. Ein gutes Gefühl zum Jahresausklang, besonders für die erste Dekade der Zwillingegeborenen.

Die Highlights und die kritischen Phasen mit den Liebesplaneten Venus und Mars

Zu Jahresbeginn empfangt Ihr noch keine direkten Aspekte von Venus oder Mars auf Eure Sonne, aber der Merkur ist wieder direktläufig und geht bis zum 10. Januar durch Euer Partnerhaus, deswegen mangelt es Euch bestimmt nicht an Einladungen, netten Gesprächen und Begegnungen. Der Neumond am 17. Januar findet in Eurem 8. Sonnenhaus statt und betont das Saturnthema der Verantwortung und der gemeinsamen Verpflichtungen in Partnerschaften. Ihr könntet also bei der Neumondmeditation darüber nachdenken, worauf ihr Euch, im neuen Jahr einlassen wollt. Das können Hochzeitspläne, Projekte oder Verträge sein – es geht einfach darum, ob Ihr bereit seid, verbindlich etwas zuzusagen und Euch dann auch dran zu halten. Wenn Ihr liiert seid, geht es vielleicht auch darum, was Ihr Euch gemeinsam anschaffen wollt und wofür Ihr eine Verantwortung übernehmen möchtet. Vom 18. Januar bis zum 11. Februar steht die Venus günstig zu Eurer Sonne, das ist nicht nur gut für die Liebe, sondern auch schöner Aspekt für Eure Freundschaften, in denen man sich gerne hilft und unterstützt. Ab dem 26. Januar und bis zum 17. März wird der Mars durch den Schützen laufen und damit durch Euer Partnerhaus. In dieser Zeit kann es zu Neckereien oder auch zu Konflikten mit Eurem Partner kommen. Für Zwillinge-Damen kann das eine Zeit sein, in der Ihr inspirierende und witzige Verehrer kennenlernt, und vielleicht foppt und neckt Euch nur um mit Euch näher in Kontakt zu kommen. Es kann auch gut sein, dass ein Flirtpartner sehr stürmisch auftritt und direkt mit Euch ins Bett möchte. Und wahrscheinlich habt Ihr sogar Lust dazu. Die Mondfinsternis am 31. 1. steht im harmonischen Aspekt zu Euch, aber rechnet damit, dass Menschen aus Eurer Umgebung sich seltsam oder emotional aufgewühlt verhalten.

Etwas kritisch könnte die 2. Hälfte des Monats Februar werden, da geht die Venus durch die Fische erwähnen und das Ganze in Spannung zu Romantikplanet Neptun und zu Mars, und der steht ja bei Euch im Partnerhaus. Vorsicht, dass ein heißer neuer Verehrer nicht noch andere Eisen im Feuer hat. Denkt an die 90 Tage Regel: erst mal drei Monate abwarten, was wirklich dahintersteckt.

Vom 7. bis 31. März steht die Venus aber wieder harmonisch zu Eurer Sonne, und für die 3. Dekade ergeben sich Ende März noch mal ganz prickelnde Flirtchancen.

Vom 24. April bis zum 19. Mai wird die Venus durch die Zwillinge laufen, also durch Euer Zeichen. Das ist immer eine gute Zeit, man fühlt sich beschwingt, charmant, hat eine tolle Ausstrahlung und freut sich an den schönen Dingen des Lebens. Vom 6. bis zum 10. Mai hat sie dabei allerdings diesen Konflikt zu Neptun, der zu Missverständnissen in der Liebe führen kann, andererseits aber auch die Ausstrahlung unwiderstehlich macht. Das wird eine sehr prickelnde Zeit, denkt einfach bei allen neuen Flirts, die sich in dieser Zeit ergeben, an die 90-Tage-Regel.

Der Mars wird 2018 über weite Strecken günstig zur Zwillingesonne stehen und Euch mit Inspiration und Schwung versorgen, vor allem, wenn Ihr Pläne für die Zukunft macht oder auf Reisen seid. Es ist auch ein sehr guter Aspekt für Zwillingegeborene, die viel im Internet unterwegs sind, vielleicht als Blogger oder YouTuber, oder auch, wenn Ihr einen Flirtpartner über eine Dating-Plattform sucht. Vom 16. Mai bis zum 13. August und dann noch mal vom 10. September bis zum 15. November bekommt Ihr einen aufbauenden Aspekt von Mars, der dann im Wassermann steht, in Eurem 9. Sonnenhaus. Dabei müsst Ihr allerdings auch berücksichtigen, dass der Mars ab vom 26. Juni bis zum 27. August rückläufig sein wird. Dann können vielversprechende neue Entwicklungen, auch in der Liebe oder beim Reisen, erst mal zum Erliegen kommen. Aber keine Sorge, das ist nur vorübergehend. Es kann auch gut sein, dass ein Typ, den Ihr in dieser Zeit kennengelernt habt, sich dann erst mal wieder zurückzieht, aber der kommt dann wieder, wenn der Mars wieder direktläufig wird. Auch Pläne und Projekte, bei denen es nicht weitergegangen war, kommen dann wieder in Gang. Insgesamt steht der Mars, wie gesagt, günstig für Euch.

Einen besonders guten Lauf habt Ihr vom 14. Juni bis zum 9. Juli, wenn die Venus durch das Zeichen Löwe läuft, denn da aktiviert sie den Mondknoten und damit das Potenzial für Seelenbegegnungen. Das ist eine Zeit, in der Inspiration und Liebe zusammenkommen, mit vielen süßen, heißen Liebesbotschaften und vielleicht auch tollen Internetflirts. Auch der Mars steht zu dieser Zeit günstig zur Zwillingesonne und gibt Euch Schwung und Toleranz auch gegenüber potenziellen Lovern aus fremden Kulturkreisen. In dieser Zeit ist Euer freundschaftlicher Rat auch sehr gefragt, man sucht Eure Nähe und das Gespräch mit Euch, denn Ihr könnt Euch gut in die gefühlsmäßigen Irrungen und Wirrungen anderer hineinversetzen und ihnen beim Sortieren helfen. Und wer weiß, vielleicht trifft Euch dabei dann Amors Pfeil, wenn Ihr noch auf der Suche seid. Ähnliches gilt für die Zeit vom 6. August bis zum 9. September, da bildet die Venus einen sehr schönen Aspekt zur Zwillingesonne, und zwar in Eurem 5. Sonnenhaus der Lebensfreude. Das ist auch noch mal eine Zeit für Solozwillinge, in der die Chance erhöht ist, eine Romanze anzufangen. Und es sieht auch wieder so aus, als ob Eure Freunde und Bekannten aus anderen Sternzeichen sich freuen, wenn Sie sich mit Euch unterhalten können, um ihre Gedanken und Gefühle zu sortieren.

Aufgrund ihrer Rückläufigkeit kehrt die Venus vom 31. Oktober bis zum 2. Dezember dann noch mal zurück in diesen guten Aspekt zur Zwillingesonne, und auch dann gibt es sicherlich wieder eine Menge zu Flirten oder mit Euren Freunden zu besprechen, außerdem ist das eine sehr kuschelige Zeit für erotische Stunden in festen Beziehungen. Ab dem 8. November geht der Jupiter in Euer Partnerhaus, und das für die nächsten 13 Monate. Dann beginnt eine Phase, in der Eure Beziehungen so richtig aufblühen, und wenn Ihr bis dahin noch solo seid, steigen Eure Chancen zum Jahresende, um zu Flirten und einen tollen Partner zu finden.

Jahreshoroskop

2018

Krebs (21.6. - 22.7.)

Die wichtigsten kosmischen Tendenzen und der Erlebnishintergrund für 2018

2018 profitiert Ihr von dem wunderbaren Romantikaspekt zwischen Glücksplanet Jupiter und Romantikplanet Neptun. Dieser Aspekt verspricht Wachstum für Euch, sowohl beruflich als auch in der Liebe. Und diese schöne Energie wird Euch auch dabei helfen, die Herausforderungen, die von Saturn, Pluto und in der ersten Jahreshälfte auch von Lilith angezeigt werden, zu meistern. Außerdem geht Unruhestifter Uranus ab Mai allmählich aus der Spannung für die dritte Dekade Krebs heraus, sodass an der Front mehr Ruhe eintritt. Und ab November wird der Mondknoten ins Zeichen Krebs gehen und damit beginnt eine Phase des Aufschwungs für Euch. Es wird also ein Jahr mit ganz tollen, romantischen Momenten und Liebeschancen, und dass, obwohl Ihr beruflich sehr viel zu tun habt, vielleicht sogar einen Höhepunkt Eures Schaffens erlebt. So sieht Euer Erlebnishintergrund für das Jahr 2018 aus:

Fangen wir mit den guten Nachrichten an: Es liegt für Euch viel Romantik und Liebesglück in der Luft und auch viel Freude mit der Familie, in Eurer Partnerschaft oder mit Euren Kindern und Enkelkindern. Und wenn Ihr die Liebe und Romantik in Eurem Leben zulasst, meistert Ihr die Herausforderungen des neuen Jahres am besten, denn beruflich kommt einiges auf Euch zu Aber im liebevollen Kontakt mit anderen Menschen ladet Ihr Eure Batterien wieder auf und könnt Großes leisten.

Harmonieaspekt von Jupiter bis zum 8. November 2018

Jupiter steht ja für Euch im 5. Sonnenhaus der Lebensfreude und der Kinder. Falls Ihr einen Kinderwunsch habt, kann sich dieser erfüllen. Wenn Ihr schon Kinder habt, werden sie Euch viel Freude machen. Wenn Ihr Single seid, könnt Ihr Euch Hals über Kopf verlieben und eine wunderschöne Romanze anfangen. Auch sexuell ist das Jahr sehr vielversprechend, Ihr könnt Euch für neue Dimensionen der Liebe öffnen. Für kreative Krebsgeborene ist es ein fantastisches Jahr, nehmt euch Zeit für Eure Hobbys oder genießt kulturelle Highlights und besucht Kunstausstellungen und Konzerte, das wird Euch ungeheuer inspirieren. Bis zum 8. November empfangen den Aspekt von Jupiter am direktesten die Geburtstagskinder vom 2. bis zum 16. Juli.

Harmonieaspekt von Neptun, noch das ganze Jahr und bis 2025

Diejenigen, die zwischen dem 6. und dem 10. Juli geboren sind, empfangen gleichzeitig auch den Aspekt von Romantikplaneten Neptun. Für alle, die von Jupiter und Neptun beglückt werden, ist am wahrscheinlichsten, dass sie 2018 auf Wolke Sieben schweben werden. Aber auch die anderen Krebsgeborenen werden in den Genuss dieser schönen Energie kommen, weil der Mond, Euer Herrscher jeden Monat diese schöne Energie im gesamten Zeichen Krebs verteilt. Mehr darüber erfahrt Ihr dann jeweils in meinen Videos mit den Monatshoroskopen.

Opposition von Saturn, noch das ganze Jahr und bis 2020

Jetzt komme ich zu den Herausforderungen, die auf Euch warten. Ihr habt ja nun Saturn im Partnerhaus, und er wird 2018 erst mal die erste Dekade durchlaufen. Saturn kann durchaus neue Begegnungen und Beziehungen bringen, vor allem mit Menschen, die einen Saturnischen Charakter haben: Lehrerfiguren, Autoritäten, Partner, die deutlich älter sind als Ihr. Es kann gut sein, dass Ihr eine große Anziehungskraft zu so jemandem verspürt. Aber das kann mit Hindernissen verbunden sein, und da braucht Ihr Geduld. Vielleicht, weil Ihr oder die andere Person kaum Zeit habt, in die Partnerschaft zu investieren. Oder Ihr steckt noch in einer Beziehung, die Ihr nicht so recht zu Ende gebracht habt. 2018 wird es für manchen Krebsgeborenen nötig werden, eine Beziehung zu beenden, um frei für etwas Neues zu sein. Die Faustregel lautet: Saturn trennt, was nicht mehr zusammengehört, aber er bindet auch das, was zusammengehört. Wenn sich also eine neue Beziehung trotz anfänglicher Schwierigkeiten gut entwickelt, dann hat sie wahrscheinlich langfristig ein großes Potenzial. Saturn steht auch für ältere Personen. Falls Ihr einen deutlich älteren Partner habt oder auch alte Eltern, kann es auch sein, dass jemand hilfsbedürftig oder pflegebedürftig wird. Aber die meisten Krebse sehen ja den Sinn darin, sich um ihre Lieben zu kümmern. Insofern werdet Ihr dabei mit dem Herzen dabei sein, auch wenn ein solcher Dienst Eure persönliche Freiheit einschränkt.

Vom Aspekt her zeigt Saturn, dass viele Krebse sich auf einem Höhepunkt ihres Schaffens oder ihrer Karriere befinden und viel öffentliche Aufmerksamkeit und Anerkennung ernten. Diese Zeit ist meistens auch mit großen Anstrengungen verbunden. Da ist es dann sehr wichtig, dass Eure Familie Euch unterstützt. Ihr dürft dann kein schlechtes Gewissen haben, auch mal die anderen zu bitten, für Euch da zu sein. Den genauen Aspekt empfangt Ihr 2018, wenn Ihr zwischen dem 21. Juni und dem 1. Juli Geburtstag habt.

Opposition von Pluto, noch das ganze Jahr und bis 2024

Nun ist ja Saturn nicht der einzige, der in Eurem Partnerhaus steht, auch Pluto und Lilith sind mit dabei. Was Pluto betrifft, kann dieser eine Partnerschaftskrise bringen, vielleicht sogar einen schweren Verlust, das kann man nicht verschweigen. Er kann Euch aber auch einen interessanten, charismatischen Partner bringen, der Euer ganzes Leben auf den Kopf stellt. Pluto wirkt lebensverändernd, er transformiert Euch bis in Eure tiefsten Tiefen hinein und konfrontiert Euch dabei auch mit Euren eigenen Schattenseiten. Und das wird wahrscheinlich durch Menschen passieren, denen Ihr begegnet. Deswegen müsst Ihr Euch schützen, indem Ihr Euer Herz nicht leichtfertig verschenkt, und das wird streckenweise gar nicht so einfach sein, denn Neptun und Jupiter stimmen Euch sehr romantisch, und Ihr wollt Euer Herz gerne öffnen. Für Euch ist es auch ganz essenziell, dass Ihr bei neuen Begegnungen die 90-Tage-Regel beachtet: Lasst Euch bitte erst nach Ablauf von drei Monaten tiefer auf jemanden ein, in dem Ihr verliebt seid, und versucht, die Person in dieser Zeit schon so gut wie möglich kennenzulernen und auch ein bisschen über die Hintergründe herauszufinden. Wenn Ihr merkt, dass jemand die Kraft hat, Euch und Euer Leben zum Guten hin zu verändern, dann habt Ihr das große Los gezogen.

Den direkten Aspekt von Pluto auf ihre Sonne empfangen 2018 die geborenen vom 10. bis 14. Juli. Und für die ist es auch wichtig zu wissen, dass sie beruflich in Machtkämpfe verwickelt werden könnten oder vielleicht im Zusammenhang mit ihrem Job auf jemanden treffen, der ganz verrückt nach ihnen ist, was aber für die Karriere fatale Folgen haben könnte. Falls Ihr eine solche Situation spürt und einfach verdrängt, riskiert Ihr möglicherweise, dass die Person sich ärgert und an Euch rächen will. Allerdings habt Ihr streckenweise auch gleichzeitig Jupiter, also Förderer und Unterstützer auf Eurer Seite. Deswegen, solltet Ihr in eine schwierige Situation geraten, bittet diese Personen um Hilfe.

Opposition von Lilith bis zum 6. August 2018

Dann haben wir noch die Lilith, die ebenfalls im Steinbock steht und für partnerschaftliche Aufregung sorgen kann. Wenn Ihr zum Beispiel in der Liebe in eine Dreieckssituation hineingeraten seid, kann Lilith dafür sorgen, dass die Sache auffliegt. Sei es, dass Ihr selbst die anderen Personen damit konfrontiert, oder sei es, dass Ihr Euch unbewusst so verhaltet, dass die Sache auffliegen muss. Wenn ihr 2018 also eine geheime Liebessituation habt, müsst Ihr darauf achten, dass sie auch geheim bleibt, wenn Ihr nicht wollt, dass es herauskommt. Der Lilith Aspekt wird 2018 exakt für die Geburtstagskinder vom 28. Juni bis 22. Juli. Das ist übrigens auch für Krebsaszendenten äußerst wichtig. Ab dem 6. August geht die Lilith dann ins Zeichen Wasserman und damit aus der direkten Opposition zum Krebszeichen heraus. Dann ist die Gefahr sozusagen erst mal gebannt, es sei denn, Ihr habt einen Löwe Aszendenten. Bei Fragen solltet Ihr mich auf jeden Fall konsultieren oder an meinem Webinar "Antonias Sterne" teilnehmen.

Spannungsaspekt von Uranus bis Mai und von November bis März 2019

Kommen wir jetzt noch zum Unruhestifter Uranus, er wird noch bis Mai in einem herausfordernden Aspekt zur Krebssonne stehen, und dann noch einmal ab November und bis zum März 2019. Das bedeutet, wenn Ihr zwischen dem 18. und dem 22. Juli Geburtstag habt, besteht eine Gefahr der Trennung, vor allem, wenn die Beziehung schon in Schräglage ist. Uranus fordert zur Erneuerung auf. Wenn Ihr beide bereit seid, an einem neuen "Wir" zu arbeiten, vielleicht auch durch eine Paartherapie, kann das funktionieren. Wenn nicht, dann ist es Zeit, diese Beziehung zu beenden und Euch neu zu erfinden. Von Mai bis November bildet Uranus jedoch bereits einen harmonischen Aspekt für die geborenen vom 21. bis 23. Juni. Das bringt prickelnde neue Bekanntschaften und interessante neue Freunde. Für alle Krebse wird Uranus ab März 2019 für die nächsten sieben Jahre durch diesen günstigen Aspekt wandern.

Mondknoten im Krebs ab 6. November bis Mai 2020

Zum Schluss noch eine gute Nachricht: Ab dem 6. November geht der Mondknoten in den Krebs. Die Energie Eures Zeichens mit seiner fürsorglichen, nähernden und familienbildenden Kraft wird dann für die nächsten eineinhalb Jahre hoch im Kurs stehen. Man wird den schüchternen Krebsen sozusagen einen roten Teppich ausrollen, und ihre Fans werden ihnen zujubeln. Das ist eine sehr schöne Zeit für Euch, denn Ihr werdet Euch sicherer fühlen, weil Ihr so viel Zuspruch bekommt. Das ist ja das Grundproblem der Krebse, diese Unsicherheit, ob sie auch gemocht werden, ich kenne das sehr gut, weil ich ja Krebsaszendent bin. Übrigens ist diese Konstellation auch für die Krebsaszendenten ganz wunderbar, denn wenn der Mondknoten über den Aszendenten läuft, erhöht sich signifikant die Chance, einen Seelenpartner zu treffen, oder für fest liierte, ein Kind oder Enkelkind zu bekommen.

Es wird also ein starkes Jahr für Euch, indem Ihr berufliche Höhepunkte erleben könnt und wundervolle Romantikchancen habt.

Die Highlights und die kritischen Phasen
mit den Liebesplaneten Venus und Mars

Das Jahr geht schon spannend für Euch los, denn fünf Planeten tummeln sich bei Euch im Partnerhaus, die Sonne und die Venus sind auch mit dabei. Vielleicht habt Ihr ja schon einen neuen Flirt mit ins neue Jahr gebracht! Wir haben ja gleich zu Jahresbeginn am 2. Januar einen Vollmond in Eurem Zeichen und auf Eurer Beziehungsachse. Wundert Euch nicht, wenn es da in Eurer Partnerschaft oder mit einem neuen Flirt hoch hergeht und schaut Euch die Gefühle genau an. Da könnt Ihr viel darüber erfahren, wo Ihr in Eurem Liebesleben steht. Die Venus läuft dann noch bis zum 18. Januar durch Euer Partnerhaus und zeigt, dass auch Begegnungen mit etwas schwierigen oder herausfordernden Leuten liebevoll verlaufen und Flirtchancen bieten. Für fest liierte ist es eine gute Zeit, um die Beziehung mit ihrem Schatz zu festigen. Der Neumond am 17. Januar bietet sich für eine Meditation zum Thema Liebe und Partnerschaft an. Was wollt Ihr für die Liebe im neuen Jahr erreichen? Was wünscht Ihr Euch von einer Beziehung? Das könnten Themen sein, zu denen Ihr Eure Wünsche ans Universum formulieren könnt.

Der Mars läuft noch bis zum 26. Januar durch Euer 5. Haus im Skorpion und bildet dabei einen sehr schönen und lustvollen Aspekt zur Krebssonne. Wenn es Eure Liebessituation zulässt, solltet Ihr Euch Zeit für kuschelige Stunden zwischen den Laken nehmen, das kann sehr aufregend und intensiv werden.

Vorsicht nur mit Lilith: die läuft durch die 1. Dekade und kann auch Auseinandersetzungen anzeigen, oder eine Konkurrentin. Und wenn Ihr Aszendent Krebs seid und der Aszendent zwischen 5 und 10° Krebs steht, dann müsst Ihr aufpassen, falls ihr eine heimliche Liaison am Laufen habt, denn da ist die Gefahr erhöht, dass die Sache auffliegt, das habe ich ja in Teil 1 des Jahreshoroskops schon genau beschrieben.

Eine schöne Venusphase habt ihr vom 10. Februar bis zum 6. März, da läuft die Venus durch die Fische und aktiviert den Romantikaspekt des Jahres, das werdet Ihr bestimmt sehr genießen können.

Achtsam müsst Ihr sein in der Zeit vom 18. März bis zum 15. Mai, denn da läuft der Mars durch den Steinbock und damit durch Euer Partnerhaus. Für Solo-Krebse ist das vielversprechend, denn der Mars zeigt knackige Verehrer an, die Euch umwerben und dabei viel Ausdauer an den Tag legen. Trotzdem ist das ein Spannungsaspekt, der auch zu Konflikten führen kann, besonders wenn Ihr in einer festen Beziehung seid. Versucht dann bitte, die angesprochenen Themen nicht persönlich zu nehmen oder Euch in die Schmollecke zurückzuziehen. Auseinandersetzungen können viel zur Klärung beitragen, wenn ihr Euch der Situation stellt und dabei sachlich bleibt.

Wie gut, dass die Venus vom 31. März bis zum 24. April in einen günstigen Aspekt zu Eurer Sonne geht. Merkt Euch diesen Zeitraum, denn während dessen habt Ihr viele gute Gelegenheiten, Spannungen in der Partnerschaft beizulegen und auf gute Lösungen zu kommen. Vom 19. Mai bis 13. Juni wird die Venus durch Euer eigenes Zeichen laufen und Euren Charme und Eure Ausstrahlung verstärken. Das ist eine Zeit, in der Ihr sehr begehrt sein werdet, aber auch sehr bewusst mit Euren Verehrern umgehen solltet, damit keine Missverständnisse entstehen.

Auch die Zeit vom 10. Juli bis zum 6. August kann Euch helfen, Spannungen in der Partnerschaft durch gute Gespräche und liebevolle Zuwendung abzubauen.

Vom 26. Juni bis zum 27. August wird der Mars rückläufig. Generell ist die Rückläufigkeitsphase von Mars eine Zeit, in der man sich wie gelähmt fühlen kann, wo Dinge zum Erliegen kommen. Es kann sein, dass eine neu angebahnte Partnerschaft erst mal wieder ins Stocken gerät. Dabei kann es in der 2. Augusthälfte noch mal heikel für Eure Partnerschaften werden, besonders für die 3. Dekade. Aber ab Ende August kommen dann die Dinge wieder in Fluss. Die Konstellation kann auch beruflich Verzögerungen mit sich bringen. Um das zu vermeiden, würde ich Euch raten, in der zweiten Augusthälfte Urlaub zu nehmen und dem Problem damit aus dem Weg zu gehen. Da werde ich dann jeweils in den Monatshoroskopen noch genauer drauf eingehen.

Ganz spannend wird die Zeit vom 9. September bis zum 31. Oktober, da läuft die Venus durch den Skorpion und bildet einen sehr guten Aspekt zur Krebssonne. Allerdings wird sie währenddessen rückläufig, nämlich vom 5. Oktober bis zum 16. November. Und das ist dann auch die heiße Phase, in der die Venus Spannungsaspekte mit dem leidenschaftlichen Mars, der wilden Lilith und Überraschungsplanet Uranus bilden wird. Ihr Krebse empfangt aber eher die positiven Schwingungen dieser Konstellation. Und das kann bedeuten, dass verwirrte Liebesopfer Ihren Weg zu Euch finden, um sich bei Euch auszuweinen. Falls Ihr Single seid, könnt Ihr vielleicht ein gebrochenes Herz mit Eurer Liebe heilen und auf diese Weise eine neue, schöne Partnerschaft gewinnen. Trotzdem seid vorsichtig damit und lasst es langsam angehen, denn noch bis zum 16. November sind Liebesentscheidungen nicht sicher. Für die 3. Dekade der

Krebse kann es zwischen dem 1. November und dem 2. Dezember in der Liebe kriseln, wenn die Venus zurück in den Widder läuft und von dort aus eine Spannung zu Eurer Sonne bildet. Aber gleich danach wendet sich das Blatt. Ab dem 2. Dezember und bis zum 7. Januar 2019 habt Ihr wirklich gute Chancen, dass sich Liebesentwicklungen für Euch zu einem Happy End entwickeln.

Die wichtigsten kosmischen Tendenzen
und der Erlebnishintergrund für 2018

Im Venusjahr 2018 werdet Ihr weiterhin häufig im Mittelpunkt stehen, erfolgreich sein und viel Aufmerksamkeit und Anerkennung genießen, denn der Mondknoten steht noch die meiste Zeit im Löwen. Wenn Ihr auf Partnersuche seid, habt Ihr deutlich erhöhte Chancen, jemanden für eine langfristige, neue Beziehung zu finden. Uranus, der die letzten sieben Jahre in einem günstigen Aspekt zur Löwesonne stand, wird dieses Jahr ab Mai langsam, aber sicher in den Stier wechseln und damit einen herausfordernden Aspekt zur Löwesonne bilden. Er zeigt an, dass in den nächsten beiden Jahren einiges an Veränderungen auf Euch zukommt. Das kann aufregend sein, aber auch störend wirken. Das hängt davon ab, wie gut Ihr Euch auf Veränderungen einstellen könnt und wie flexibel Ihr reagiert. Die Liebesplaneten Venus und Mars zeigen einen sehr heißen Herbst für Euch an, vor allem zwischen September und November werden die Gefühlswogen hochschlagen. Das sind Zeiten, die ebenso romantisch wie riskant in der Liebe sind, da gehe ich dann in Teil 2 des Jahres Horoskops genauer drauf ein. Jetzt will ich mich erst mal Eurem Erlebnishintergrund widmen, also den langsam laufenden Planeten und Euren langfristigen Tendenzen für 2018.

Mondknoten im Löwen bis zum 6. November 2018

Ihr werdet viele neue Menschen kennenlernen, und es kann sich herausstellen, dass diese sehr wichtig für Eure Zukunft sind. Auch umgekehrt gilt, dass Ihr wichtige Türöffner für andere Menschen werden könnt, denen Ihr den Weg in eine bessere Zukunft zeigen könnt. Es ist auch eine Zeit, in der Ihr Euren Seelenpartner begegnen könnt und das deutliche Gefühl habt, dass diese Beziehung karmisch ist. Ihr fühlt Euch zu Menschen hingezogen, die Ihr nicht nur attraktiv findet, sondern bei denen Ihr auch das Gefühl habt, denjenigen oder diejenige schon ein Leben lang zu kennen. Und selbst wenn daraus nicht die große Liebe wird, kann eine solche Begegnung von großer Bedeutung für Euch sein, denn Ihr helft Euch gegenseitig weiter, sei es beruflich, oder im sozialen Umfeld. Der Mondknoten wandert 2018 über Eure Sonne, wenn Ihr zwischen dem 22. Juli und dem 11. August Geburtstag habt.

Spannungsaspekt von Jupiter bis zum 8. November 2018

Der Glücksplanet steht für Euch im 4. Sonnenhaus der Familie. Das ist eine schöne Phase mit Eurer Familie, glückliche Löwepaare können auch Nachwuchs bekommen. Die Familie kommt zu Besuch, Ihr feiert gerne bei Euch zu Hause. Das ist auch eine super Zeit, falls Ihr Euch ein Haus kaufen oder Euer Heim renovieren wollt. Ihr könnt Eure Wohnsituation verbessern und vergrößern, vielleicht überlegt Ihr auch, Euer Haus unterzuvermieten und in ein weiteres Haus zu investieren. Das gilt übrigens auch für die Löweaszendenten, die Jupiter im 4. Haus haben. Allerdings geht Jupiter damit auch in eine Spannung zum Löwezeichen, das kann bedeuten, dass Ihr des Guten zu viel wollt und mit Euren Vorhaben und Ideen vielleicht auch über Eure Grenzen geht. Das gilt auch für Eure Finanzen. Wenn Ihr in ein Haus investieren wollt, dann muss das sorgfältig und gründlich geplant werden und im realistischen Rahmen bleiben. Übernehmt Euch bitte nicht mit Krediten. Am direktesten bekommen diejenigen den Jupiter Aspekt auf die Sonne, die zwischen dem 5. und dem 16. August Geburtstag haben. Ab dem 8. November wird der Jupiter dann ins Zeichen Schütze gehen, und damit in Euer Haus der Lebensfreude und in einen günstigen Trigon Aspekt. Ihr dürft Euch dann auf ein Jahr freuen, in dem Spaß, Kreativität und Liebeserlebnisse großgeschrieben sind.

Harmonieaspekt von Uranus bis Mai und von November bis März 2019

Exzentrikplanet Uranus steht noch bis zum Mai in einen günstigen Aspekt zur Löwesonne, und dann noch einmal von November bis März 2019. Vor allem, wenn Ihr zwischen dem 17. und 22. August Geburtstag habt, ist das ein sehr anregender Aspekt für Euch, für Eure Kreativität und auch für Euren Spaß am sexuellen Experimentieren. Wenn Ihr solo seid, kann es schnell prickeln und wenn Ihr interessante neue Leute kennenlernt, können es auch Menschen aus dem Ausland oder einem anderen Kulturkreis sein. Auch wenn Euer jeweiliger Hintergrund sehr verschieden ist, ist die Anziehungskraft groß, und so eine Beziehung hat auch Potenzial, vor allem, weil auch der Mondknoten noch im Löwen steht.

Spannungsaspekt von Uranus von Mai bis November, ab März 2019 bis 2025

Von Mai bis November geht ja der Uranus schon ins Zeichen Stier, und das werden die Geburtstagskinder spüren, die ganz zu Anfang Geburtstag haben, also zwischen dem 23. und dem 26. Juli. Vielleicht stellt Ihr Eure Beziehung in Frage, was Euch eigentlich gar nicht liegt, denn Ihr habt gerne stabile Verhältnisse. Aber das Leben, oder auch Euer Partner, kann Euch da vor Herausforderungen stellen. Vielleicht gibt es beim Partner eine Veränderung im Job, und er muss in einer anderen Stadt arbeiten, und unversehens müsst Ihr eine Fernbeziehung führen. Oder Menschen, denen Ihr sehr nahesteht, ziehen weg, oder es steht einfach an, eine Beziehung zu beenden, die nicht mehr funktioniert. Versucht, das aufregende und neue in solchen Ereignissen zu sehen, die Chance statt der Krise. Wie gesagt, 2018 steht der Mondknoten noch in Eurem Zeichen, und wenn Menschen aus Eurem Leben wegdriften, werden dafür neue Menschen kommen, die Euch gut gefallen.

Saturn, Pluto und Lilith

Die kosmischen Schwergewichte Saturn und Pluto, und bis zum 6. August auch die Lilith, bilden keine Hauptaspekte zur Löwesonne, und sie gehen in den nächsten Jahren durch Euer 6. Sonnenhaus, Saturn noch bis 2020 und Pluto sogar noch bis 2024. Sie erzählen davon, dass Ihr häufig Anpassungen vornehmen müsst, vermutlich hauptsächlich im Job und was Eure Gesundheit anbetrifft. Aber auch in Euren Beziehungen werdet Ihr das spüren. Das betrifft besonders Eure Arbeitskollegen, das sind ja auch Menschen, mit denen man auf die Dauer eine relativ enge Beziehung eingeht, und da ist viel Wandel drin, vielleicht weil sich die Strukturen in Eurer Firma ändern, weil jemand anderes auf die Chefstelle rückt, das verändert die ganze Dynamik. Pluto in Eurem 6. Haus zeigt an, dass es schwierig für Euch werden könnte, Leute zu finden, die unterstützen. Und mit Saturn dabei könntet Ihr dazu neigen, alles im Alleingang schaffen zu wollen. Da müsst Ihr ein bisschen auf Eure Gesundheit aufpassen, denn wenn Ihr Euch überarbeitet, kann das zu allen möglichen Zipperlein führen, die Eure Arbeitskraft dann wiederum einschränken. Ihr müsst also eine gute Arbeits- und Gesundheitsroutine für Euch einhalten und gegebenenfalls auch gute Heiler und Therapeuten für Euch finden, die Euch unterstützen. Bis zur Jahresmitte ist die wilde Lilith da noch dabei, und die kann Euch zeitweise dazu aufstacheln, spontan alles hinschmeißen und kündigen zu wollen. Sie kann auch Schwierigkeiten mit weiblichen Kolleginnen anzeigen. Wenn Ihr Euch an Eurem Arbeitsplatz wirklich unwohl fühlt und etwas verändern wollt, dann tut nicht aus einem plötzlichen Impuls heraus etwas, was Ihr hinterher bereuen würdet. Aber mit einem guten Plan kann ein Übergang in eine bessere Arbeitsumgebung durchaus gelingen.

Opposition Lilith ab dem 6. August 2018 bis Mai 2019

Ab dem 6. August geht die Lilith in den Wassermann, und zwar für rund neun Monate bis zum 3. Mai 2019. Sie wird dann durch Euer Partnerhaus wandern und das in Spannung zur Löwesonne. Das kann Begegnungen anzeigen, die Euch ganz schön den Kopf verdrehen, und zwar so, dass Ihr vielleicht sogar Euer gemütliches Beziehungsparadies verlassen wollt, um Euch auf eine umwerfende, superheiße Liaison einzulassen. Und Ihr müsst auch aufpassen, falls Ihr irgendeine heimliche Sache am Laufen habt, denn Lilith lässt heimliche Affären gerne auffliegen und dann gibt es einen Aufruhr in Eurem Beziehungsleben. Während dieser stürmischen Lilith Aspekte kann es Euch schwerfallen, die Contenance zu behalten. Wenn Ihr also spürt, dass sich da etwas anbahnt, was Euch gefährlich werden könnte, dann kommt zu mir in die Beratung. Das gilt übrigens auch für die Löweaszendenten und ganz besonders für die Geburtstagskinder vom 23. Juli bis zum 10. August. Dazu kommt der dann auch noch der Mars, der sich im Sommer teilweise mit der Lilith verbindet. Aufgrund seiner Rückläufigkeit wird sich der Mars im neuen Jahr fast 5 Monate im Zeichen Wassermann aufhalten und dort Spannungen zur Löwesonne bilden. Das ist in der Zeit vom 16. Mai bis 13. August und vom 11. September bis 15. November. Dabei wird er genau wie Lilith durch Euer Partnerhaus laufen, und da kann es bei Begegnungen und auch in festen Partnerschaften hoch hergehen, entweder sehr leidenschaftlich oder auch in Form von Konflikten. Mehr darüber erfahrt Ihr in Teil 2 des Jahreshoroskops, wenn es um die Liebesplaneten geht und natürlich in den aktuellen Monatshoroskopen.

Harmonieaspekt von Jupiter ab 8. November bis Dezember 2019

Insgesamt habt Ihr gute Chancen, dass das Jahr für Euch versöhnlich ausklingt, weil Glücksplanet Jupiter ab dem 8. November in den Schützen geht und damit einen sehr schönen Aspekt zur Löwesonne bildet. Nicht nur, dass das Leben dann wieder Spaß macht und die Romantik wieder unkomplizierter wird, es werden Euch auch kreative Lösungen für Situationen einfallen, die Euch bis dahin Kopfzerbrechen bereitet haben. Deshalb, wenn es zu einem Beziehungskonflikt kommt, macht die Tür nicht zu. Wahrscheinlich seht Ihr das alles zum Jahresende wieder viel optimistischer.

Zu Beginn des Jahres und noch bis zum 26. Januar steht der Mars im Skorpion in Spannung zur Löwesonne, und das ganze hier im Sonnenhaus der Familie. Es kann also zu Konflikten und Scharmützeln mit Familienmitgliedern kommen, vielleicht wegen Haushaltsfragen, oder weil sich jemand danebenbenimmt. Der Aspekt zeigt, dass Ihr Dinge persönlich nehmt und ungewöhnlich gereizt reagiert, und das gilt vor allem für die 2. und 3. Dekade. Versucht einfach, ein bisschen den Druck herauszunehmen. Die Phase ist ja bald vorbei. Der Neumond am 17. Januar ist ideal, um noch mal über Eure guten Vorsätze fürs neue Jahr nachzudenken: wollt Ihr Euch von einer schlechten Gewohnheit verabschieden? Oder etwas an Eurem Arbeitsplatz ändern? Wollt Ihr mehr für Eure Gesundheit tun? Da solltet Ihr Euch ein gutes Ziel setzen.

Vom 18. Januar bis zum 10. Februar läuft die Venus durch den Wassermann und damit durch Euer Partnerhaus. Und während dieser Zeit ereignet sich am 31. Januar eine totale Mondfinsternis. Das verspricht eine sehr schöne und gesellige Zeit für Euch und außerdem für Singles super Chancen, jemanden kennenzulernen. Es kann jedoch auch einen sehr emotionalen Moment anzeigen, wenn sich jemand ausgeschlossen fühlt. Achtet bei Einladungen und gesellschaftlichen Anlässen darauf, dass Ihr an alle Freunde und Beteiligten denkt. Die Venus wird am absteigenden Mondknoten stehen, das kann auch ein Konflikt mit einer vergangenen Liebe bedeuten, für die man noch etwas empfindet, wo es aber im jetzigen Leben nicht mehr passt. Das ist eine Zeit, in der viele karmische Begegnungen möglich sind. Doch passt darauf auf, dass bestehende Beziehungen nicht gefährdet werden. Die Mondfinsternis wirkt noch bis zu 3 Monate nachher, wenn sich also jemand auf den Schlips getreten fühlt, kann es eine Weile dauern, bis wieder Harmonie herrscht.

Vom 7. bis zum 30. März habt Ihr dann die Venus aus dem Widder heraus in einem wunderschönen Aspekt zu Eurer Sonne. In dieser Zeit könnt Ihr der Liebe auf Reisen begegnen, oder auch, wenn Ihr für eine Fortbildung unterwegs seid. Vielleicht habt Ihr ja Lust auf einen schönen Skiurlaub oder könnt Euch einen Trip in die Sonne leisten.

Am 15. Mai beginnt eine Phase, in der Löwedamen sich auf witzige und interessante Verehrer freuen dürfen, denn dann geht der Mars in den Wassermann und damit in Euer Partnerhaus. Das wird prickeln und knistern nach dem Motto: Was sich liebt, das neckt sich. Aber macht Euch schon mal darauf gefasst, dass, was so harmlos und prickelnd anfängt, sich zu einem Drama entwickeln kann. Zunächst läuft alles super, vor allem vom 13. Juni bis zum 10. Juli, weil dann die Venus durch Euer Zeichen läuft, und das bringt Euch natürlich eine ganz umwerfende Ausstrahlung. Vom 16. bis 22. Juni werden Venus und Mars mit dem Mondknoten bei Euch auf der Beziehungsachse stehen. Das ist eine Hammerkonstellation für Begegnungen, vor allem, wenn Ihr solo seid, solltet Ihr Euch die Zeit im Kalender anstreichen.

Doch dann wird am 26. Juni der Mars rückläufig, und das Drama nimmt seinen Lauf. Er aktiviert dabei nämlich den absteigenden Mondknoten, und das ist der Punkt der Vergangenheit und des Karmas. Das kann zum Beispiel anzeigen, dass Gefühle oder auch Menschen aus der Vergangenheit auftauchen und Euch in der Liebe dazwischenfunken. Der Hammer ist, dass wir währenddessen auch noch eine totale Mondfinsternis haben, nämlich am 27. Juli und das wieder bei Euch auf der Beziehungs-achse. Wenn Ihr da nicht aufpasst, kann es zu einem emotionalen Konflikt kommen, und eine vielversprechende Liebesgeschichte kann zerbrechen, bevor sie richtig angefangen hat. Anfang August geht ja dann die Lilith in den Wassermann und verbindet sich dort mit dem Mars, und das Ganze in Spannung zu Überraschungsplanet Uranus und zu Eurer Sonne. Dann kann der Liebesblitz einschlagen. Das ist natürlich super, wenn Ihr frei und ungebunden seid. Schwieriger wird es, wenn Ihr Euch eine solche Affäre aus irgendwelchen Gründen eigentlich gar nicht erlauben könnt, sei es, weil Ihr schon in einer festen Beziehung seid, oder sei es, dass Ihr Eure Kräfte woanders braucht. Denn diese Konstellation kann dafür sorgen, dass man jede Vorsicht außeracht lässt, um sich in eine leidenschaftliche Affäre zu stürzen. Ab dem 13. August könnt Ihr erst mal durchschnaufen und Euch zurücklehnen, um wieder klarer zu sehen, denn dann verlässt der Mars Euer Partnerhaus. Er wird dann am 27. August wieder direktläufig und geht am 11. September und bis zum 15. November noch einmal im Vorwärtsgang durch Euer Partnerhaus. Das kann eine Liebesgeschichte, die stecken geblieben war, wieder in Gang bringen. Aber Ruhe kehrt dann immer noch nicht ein, denn dann zeigt die Venus an, dass sich da eventuell auch noch weibliche Figuren einmischen. Zwischen dem 5. Oktober und dem 16. November wird die Venus rückläufig und das bedeutet, es kann noch mal eine Wendung in der Liebe geben, vielleicht weil eine Verflossene Eures Partners oder Liebhabers auftaucht, die Euch Schwierigkeiten macht.

Es wird also ein glühend heißer Liebessommer für Euch, der in einen ebenso hitzigen Herbst übergeht, verbunden mit fantastischen Chancen, aufregende Liebesromanzen zu erleben, aber eben auch mit Risiken, ins Gefühlschaos zu stürzen. Das müsst Ihr selber entscheiden, ob Ihr da

Lust draufhabt, oder ob Ihr lieber Vorsicht walten lassen wollt, das hängt auch sehr davon ab, in welcher Lebensphase Ihr Euch gerade befindet. Wie immer stehe ich Euch natürlich mit einer Beratung zur Seite, wenn Ihr wirklich in einen Liebessturm hineingeratet. Denkt immer daran, dass Jupiter ein Happy End anzeigt, denn er steht Euch ab dem 8. November zur Seite, und dann kann sich für viele Löwen herausstellen, dass alles letztendlich zu einem guten Ende führt. Selbst wenn sich die Wege zwischen Euch und jemandem, den Ihr im Sommer kennengelernt habt, wieder trennen, wird sich dann wahrscheinlich herausstellen, dass diese Begegnung für Euer Leben sehr wichtig war, und dass Ihr allen Grund habt, optimistisch in die Zukunft zu blicken!

Jahreshoroskop

2018

Jungfrau (23.8. - 23.9.)

Die wichtigsten kosmischen Tendenzen
und der Erlebnishintergrund für 2018

Liebe Jungfrauen, Ihr habt allen Grund, Euch auf das neue Jahr zu freu-
en. Der Romantikaspekt des Jahres wird viele von Euch in der Liebe verzaubern, und wenn Ihr noch keinen Schatz gefunden habt, stehen die
Chancen gut, dass es 2018 passiert. Aber es wird auch ein tolles Jahr, um
Eure persönlichen beruflichen Ziele zu erreichen, denn die Erfolgsplane-
ten Jupiter und Saturn und auch noch Machtplanet Pluto stehen alle
günstig zu Eurer Sonne. Beruflich könnt Ihr einen neuen Erfolgszyklus

beginnen, der mindestens drei und bis zu sieben Jahre anhält. In dieser Zeit habt Ihr viele Möglichkeiten, Eure beruflichen und finanziellen Ziele zu erreichen. Allerdings wird Neptun, der ja für Romantik, aber auch für Verschleierung und Täuschung steht, für acht weitere Jahre frontal zu Eurem Zeichen stehen. Und das bedeutet, Ihr seid weiterhin herausgefordert, in Euren Beziehungen für Klarheit zu sorgen, weil viele unausgesprochene Erwartungen und Missverständnisse in der Luft liegen. Die Kombination Eurer Einflüsse zeigt, dass es für Euch sehr wichtig ist, im neuen Jahr genau zu unterscheiden, auf wen Ihr Euch einlasst. Denn Ihr habt in der Liebe viel zu bieten und könnt ganz tolle Beziehungen eingehen, die Eure Persönlichkeitsentwicklung enorm voranbringen. Doch Ihr seid eben auch anfällig für Schmeicheleien und Leute, die Euch mit unredlichen Absichten umschwärmen. Und es wäre ja schade, wenn Eure schönen Gaben dem Falschen in den Schoß fallen würden. Beruflich ist für Euch superwichtig, dass Ihr Eure Fähigkeiten selbstbewusst einschätzt. Bitte stellt Euer Licht nicht unter den Scheffel, Ihr habt es wirklich drauf. Ihr seid brillant und in der Lage, Trends zu erkennen und den Dingen auf den Grund zu gehen. Wenn Ihr die Arbeit nicht scheut, die es mit sich bringt, Eure Ideen auch umzusetzen, dann werden sich Chefs und Arbeitgeber um Euch reißen, und wenn Ihr selbstständig seid, werdet Ihr sehr viel erreichen. Jetzt schauen wir uns die kosmischen Einflüsse im Einzelnen an.

Harmonieaspekt von Jupiter bis zum 8. November

Der schöne Aspekt von Jupiter fördert Eure Beziehungen, sei es in der Liebe, in Freundschaften, bei der Arbeit, und natürlich auch neue Romanzen. In Eurem 3. Sonnenhaus unterstützt Jupiter das Lernen und den Wissensaustausch. Ihr lernt also Menschen kennen, in dem Ihr Euch fortbildet, oder auch eine neue Sprache erlernt, oder Ihr könnt Euch in jemanden aus einem fremden Kulturkreis verlieben. Außerdem unterstützt Euch Jupiter dabei, zur richtigen Zeit, die richtigen Worte zu finden, und das ist natürlich auch gut für Liebesnachrichten, Liebesbriefe und Liebesgeflüster. Den genauen Aspekt empfangen 2018 die Geborenen vom 4. bis 23. September.

Saturn und Pluto

Die kosmischen Schwergewichte Saturn und Pluto stehen langfristig in einem förderlichen Substanzaspekt zur Jungfrausonne, Saturn für drei Jahre und Pluto sogar noch für sechs Jahre. Außerdem steht auch die wilde Lilith noch bis zum 6. August mit dabei und bildet ebenfalls einen guten Aspekt zu Euch. Diese drei Kräfte wandern durch Euer 5. Sonnenhaus der Kreativität und Lebensfreude. Alles zusammen denke ich, ist es ein sehr starker kreativer Einfluss, der Euch dazu bringt, erstaunliche Dinge zu erreichen und zu manifestieren. Wichtig dabei ist, dass Ihr Euch dabei auf klar definierte Ziele konzentriert. Deswegen macht Euren Plan für die nächsten drei Jahre: Was wollt Ihr erreichen, was möchtet Ihr manifestieren?

Harmonieaspekt von Saturn noch das ganze Jahr und bis 2020

Schauen wir uns erst mal Saturn an. Der Aspekt spricht davon, dass Ihr nun neue Substanz aufbaut und großartige Dinge hervorbringen könnt. Dabei geht Ihr mit Ruhe und Konzentration das an, was Ihr Euch vorgenommen habt. Wenn Ihr im Berufsleben steht, werdet Ihr das natürlich nutzen können, um voran zu kommen. Wenn Ihr schon immer Euer kreatives Hobby zu Eurem Beruf machen wolltet, dann wartet damit nicht länger. Jetzt ist die Zeit, um damit zu beginnen und in den kommenden drei Jahren wirklich was auf die Beine zu stellen. Das 5. Haus gilt ja als das Haus der Lebensfreude und Sexualität, und wenn Saturn da durchläuft, werdet Ihr da vielleicht etwas sparsamer damit, Euch zu verschenken, weil Ihr sorgfältiger auswählt, mit wem Ihr Eure kostbare Lebens- und Liebeszeit verbringt. Und das ist auch gut so! Ihr möchtet Eure Freizeit mit Menschen und mit Dingen verbringen, die wesentlich und wichtig sind und auch langfristig noch Bedeutung haben. Diesen Einfluss werden sicherlich alle Jungfraugeborenen spüren, am stärksten wirkt er jedoch 2018 auf die Geburtstagskinder vom 23. August bis 4. September.

Harmonieaspekt von Pluto noch das ganze Jahr und bis 2024

Auch Pluto steht ja im Steinbock, und damit günstig für Euch. Dieser Aspekt lässt Euren Einfluss, und je nachdem auch Eure Machtbefugnisse, wachsen. Beruflich könntet Ihr befördert werden und neue Aufgaben in der Organisation und dem Management Eurer Firma bekommen. Es wird Leute geben, die Eure Talente erkennen und in Euch investieren wollen. Wenn Ihr selbstständig seid, entdeckt ihr neue Ressourcen für Eure Firma, wahrscheinlich durch einflussreiche Leute, die Ihr für Eure Projekte begeistern könnt. Für Euer Privatleben bedeutet dieser Aspekt, dass Ihr Verbindungen mit Menschen eingehen könnt, die lebensverändernd wirken. Deswegen ist es sehr wichtig, dass Ihr genau unterscheidet, auf wen Ihr Euch einlasst. Und dass Ihr Euch die Zeit nehmt, jemanden näher kennenzulernen und herauszufinden, was derjenige wirklich von Euch will. Pluto repräsentiert Menschen, die ihre Geheimnisse haben oder vielleicht einen langfristigen Plan, über den sie noch nicht sprechen wollen. Jemand hat vielleicht Großes mit Euch vor und Ihr wisst es gar nicht. Ihr solltet jedoch verlangen, dass diese Dinge ganz klar ausgesprochen und definiert werden. Beziehungen, die unter dem Einfluss von Pluto stehen, sind langfristig und tiefgehend, und da muss man wissen, woran man ist.

Harmonieaspekt von Lilith bis zum 6. August

Auch die Lilith mischt da ja noch mit bis zum 6. August. Sie pocht darauf, dass Ihr Eure Kreativität auslebt, und dass Ihr Euch da nicht von anderen hineinreden lasst. Auch in der Erotik kann sie Euch dahingehend beeinflussen, dass Ihr nicht bereit seid, Kompromisse einzugehen, um jemandem einen Gefallen zu tun. Sie wird Euch daran erinnern, was Eure authentischen Bedürfnisse sind. In Kombination mit Pluto kann sie Euch durchaus dazu verführen, Euch auf eine fatale Affäre einzulassen, da rate ich zu großer Vorsicht. Solche Affären können unglaublich intensiv und schön sein. Trotzdem ist es wichtig, dass Ihr Eure Lebensprioritäten im Auge behaltet. Wenn Ihr in so eine Situation hineingeratet, meldet Euch bei mir, damit wir das in einer Beratung sortieren können. Den Aspekt von der Lilith empfangen die Geburtstagskinder vom 27. August bis 22. September.

Opposition von Neptun noch das ganze Jahr und bis 2025

Dann müssen wir uns natürlich noch den Neptunaspekt anschauen. Wenn Ihr zwischen dem 3. und dem 10. September Geburtstag habt, dann müsst Ihr bei allen Beziehungen und Begegnungen sehr achtsam sein. Neptun kann Euch dazu verführen, Eure Fantasie ins Kraut schießen zu lassen, und Euch mit der rosa Brille in den schönsten Farben auszumalen, was für eine Potenzial eine Begegnung oder mögliche Beziehung hat. Dabei blendet Ihr all das aus, was Ihr bei demjenigen nicht sehen wollt. Ich sag's mal ganz brutal: Unter diesem Aspekt könntet Ihr das Opfer von Heiratsschwindlern werden, die mit ihrem Charme verzaubern und Euch dann ein mit irgendeiner Opfergeschichte einwickeln, damit Ihr bezahlt. Deswegen solltet Ihr unbedingt die 90-Tage-Regel beherzigen, also drei Monate abwarten, bevor Ihr Euch auf jemanden, in den Ihr sehr verliebt seid, näher einlasst. Und bei Neptun, das muss man ganz ehrlich sagen, am besten sogar noch länger warten. Ihr empfangt 2018 über weite Strecken gleichzeitig auch das Trigon zu Pluto, der die Verbindung mit einflussreichen Leuten anzeigt. Da ist es dann besonders wichtig, dass Ihr Euch nicht von Neptun vernebeln lasst, wenn es darum geht, eine Beziehung und ihr Potenzial richtig einzuschätzen. Bitte scheut Euch nicht, Euch für eine Beratung bei mir zu melden, wenn Ihr heiß verliebt seid, aber doch eine gewisse Unsicherheit verspürt.

Harmonieaspekt von Uranus von Mai bis November, ab März 2019 bis 2025

Ab Mai fängt der exzentrische Uranus an, sich für die ersten Jungfraugeborenen auszuwirken, vor allem, wenn Ihr zwischen dem 23. und 27.

August Geburtstag habt. Das ist ein sehr prickelnder Aspekt. Nicht nur Eure Ideen und Eure Klugheit kommen gut an, Ihr habt auch eine sehr attraktive Ausstrahlung. Magnetisch zieht Ihr interessante Leute in Euer Leben, mit denen Ihr die gleichen Interessen teilt und Euch gegenseitig inspiriert. Der Einfluss geht von Mai bis November, ab März 2019 geht Uranus dann für die nächsten 7 Jahre in diesen prickelnden Aspekt zur Jungfrausonne.

2018 verspricht ein wirklich spannendes Jahr für Euch zu werden, indem Ihr den Grundstein für großartige Entwicklungen legen könnt, immer vorausgesetzt, dass Ihr Euch mit den richtigen Leuten zusammentut und Eure Ziele nicht aus den Augen verliert.

Die Highlights und die kritischen Phasen
mit den Liebesplaneten Venus und Mars

Die erste gute Venusphase hat schon am 24. Dezember begonnen und geht bis zum 18. Januar. Da steht die Venus zusammen mit den kosmischen Schwergewichten Pluto, Saturn, Lilith und der Sonne in Eurem 5. Haus der Lebensfreude und der Kreativität. Falls Ihr einen frischen Flirt am Laufen habt, macht Ihr den wahrscheinlich ganz verrückt, denn Ihr seid mal super heiß, mal wieder kühl, aber immer faszinierend. Fest liierte Jungfrauen haben ihren eigenen Kopf und brauchen Freiraum für ihre kreativen Ideen. Der Neumond vom 17. Januar im Steinbock findet ebenfalls in Eurem 5. Haus statt. In der Neumondmeditation könnt Ihr Euch also wunderbar noch mal mit den Themen von Saturn und Lilith beschäftigen, nämlich was Ihr manifestieren wollt, und welche Herzensprojekte Ihr verwirklichen wollt. Auch über Eure Lebensfreude und über Eure erotischen Wünsche könnt Ihr nachdenken, und visualisieren, was sich davon 2018 verwirklichen soll. Der Mars steht noch bis zum 26. Januar günstig für Euch, so dass Ihr nicht nur nachdenkt und sinniert, was Ihr alles vorhabt, sondern auch gleich damit loslegt. Besonders diejenigen von Euch, die gerne schreiben und kommunizieren, haben bestimmt viele Ideen, die sie auch gleich umsetzen wollen. Anschließend läuft der Mars dann allerdings bis zum 17. März in eine Spannung zu Eurer Sonne, das kann einigen Trubel in der Familie oder bei Euch zu Hause anzeigen. Wenn es Euch zu viel wird, reagiert Ihr gereizt, also sorgt für Euch selbst und zieht Euch auch mal zurück.

Vom 11. Februar bis zum 7. März läuft die Venus durch Euer Partnerhaus in den Fischen. Das ist immer eine sehr schöne, gesellige Zeit, nicht nur, falls Ihr solo seid, um jemanden neues kennenzulernen, sondern auch ganz allgemein, man fühlt sich da wohl mit netten Leuten. In dieser Zeit wird die Venus auch den Romantikaspekt zwischen Neptun und Jupiter aktivieren, das ist bestimmt ein Hochgenuss für Euch. Besonders Prickelnd wird es zwischen dem 20. und dem 27. März, da stehen Venus und Mars in Spannung zueinander und zu Eurer Sonne, und das intensiviert die amourösen Gefühle. Nur die Geburtstagskinder, die Neptun genau gegenüber der Sonne haben, müssen dann aufpassen, dass sie nicht dem Falschen verfallen.

Vom 17. März bis zum 16. Mai läuft der Mars durch den Steinbock und damit durch einen förderlichen Aspekt für Euch und durch Euer 5. Haus der Lebensfreude. Das ist eine sehr aktive Phase für Euch, und für die Liebe kann das eine sehr lustvolle oder auch triebhafte Zeit sein. Ihr könnt diese Energie aber auch in Eure kreativen und beruflichen Projekte investieren.

Vom 19. Mai bis zum 13. Juni geht die Venus dann durch das Zeichen Krebs und bildet während dieser Zeit einen schönen, freundschaftlichen Aspekt zu Eurer Sonne. Das fördert nicht nur die Liebe, sondern auch schöne Zeiten mit Freundinnen und Freunden. Vom 4. bis 11. Juni kann es zu einer sehr prickelnden Affäre kommen, vielleicht sogar mit jemandem aus dem Freundeskreis, was eventuell mit Komplikationen verbunden ist. Denkt an die 90-Tage-Regel und wartet erst mal ab, ob es sich lohnt, wegen so einer Sache eventuell eine Freundschaft aufs Spiel zu setzen.

Vom 26. Juni bis zum 27. August ist dann die Rückläufigkeitsphase von Mars. Das ist eine Zeit, in der viele Dinge langsamer laufen, und in der Ihr Euch vielleicht auch in Eurem Schwung gelähmt fühlt. Es kann auch sein, dass Eure Projekte nun nicht mehr so recht vorangehen, oder dass eine neu begonnene Liebesaffäre wieder zum Erliegen kommt. Aber mit Geduld und Gelassenheit kriegt Ihr das in den Griff, vielleicht könnt Ihr in dieser Zeit auch Urlaub nehmen, wenn sowieso nicht so viel läuft. Sobald der Mars wieder direktläufig wird, werdet Ihr merken, wie es wieder vorangeht.

Sehr positiv ist die Zeit vom 10. Juli bis zum 7. August, wenn die Venus durch Euer eigenes Zeichen läuft. Das verleiht Euch eine erotische die Ausstrahlung und erhöht die Chancen, jemanden zu becircen. Dabei verbindet sich die Venus erst mit Saturn, das spricht für eine Affäre, die Zukunft hat, und später noch mit Pluto. Da könnt Ihr Euch in jemanden verlieben der sehr einflussreich, aber eventuell mit Vorsicht zu genießen ist, weil er womöglich versteckte Absichten hat. Außerdem wird in dieser Zeit auch der Merkur rückläufig, nämlich vom 26. Juli bis zum 19. August. Das kann dazu beitragen, dass in der Liebe nicht mit offenen Karten gespielt wird oder dass es einfach zu Missverständnissen kommt, vielleicht auch zu einer Enttäuschung. Das müsst Ihr dann notfalls ansprechen, nicht verdrängen. Also, wie ich Euch schon im ersten Teil des Jahres Horoskops ans Herz gelegt habe: achtet genau darauf an wen Ihr Euch verschenkt. Ihr habt viel zu bieten, und nicht jeder hat Euch verdient! In den letzten Julitagen habt Ihr eine besonders heiße Phase, also passt auf Euch auf!

Vom 9. September bis zum 30. Oktober bekommt Ihr wieder einen harmonischen Venusaspekt, allerdings wird die Venus während dieser Zeit vom 5. bis 30. Oktober rückläufig sein. Ich könnte mir vorstellen, dass Ihr in der Zeit häufig Anlaufstelle für verwirrte Freunde und Bekannte seid, die sich in irgendwelche Liebesdesaster verstrickt haben und Euren

Rat suchen. Wenn Ihr Euch in der Zeit mit jemandem Liebesbotschaften schreibt, müsst Ihr ein bisschen aufpassen, dass die auch richtig verstanden werden. Und eine Liebesentscheidung solltet Ihr im Zweifelsfalle auf die Zeit nach Mitte November verschieben, denn dann seht Ihr wieder klarer. Am 15. November geht dann der Mars in Euer Partnerhaus ins Zeichen Fische und verbindet sich dort Anfang Dezember mit Romantikplanet Neptun. Das kann sensible Verehrer anzeigen, die Euch umschwärmen, sich aber nicht so recht trauen, auf Euch zu gehen. Wenn Euch so jemand gefällt, müsst Ihr gegebenenfalls selbst die Initiative ergreifen. Das kann Euch aber gelingen, besonders ab dem 2. Dezember, wenn Venus und Mars in Harmonie zueinander und zu Eurer Sonne stehen, und das bis in den Januar hinein. Es wird also ein kuscheliger und harmonischer Jahresausklang für Euch.

Jahreshoroskop

2018

Waage (23.9. - 23.10.)

Die wichtigsten kosmischen Tendenzen und der Erlebnishintergrund für 2018

Im neuen Jahr solltet Ihr dafür sorgen, dass der Spaß nicht zu kurz kommt. Viele Planeten bilden herausfordernde Aspekte zu Eurer Sonne, sodass Ihr sehr viel zu tun haben werdet, verbunden mit der Chance, sehr erfolgreich zu sein. Aber manchmal geht Euch dabei die Leichtigkeit verloren, und die Dinge sind nicht so im Fluss, wie ihr es gerne hättet. Deswegen plant Zeiten ein, in denen Ihr Euch etwas Gutes tun könnt. Und verbringt möglichst viel Zeit mit Menschen, die mit Euch auf einer

Wellenlänge liegen. Für viele Waagegeborene ist die Liebe stets ein Allheilmittel, und das trifft sicherlich auch für 2018 zu. Spätestens in der zweiten Jahreshälfte werden die Liebeswogen hochschlagen und sich irgendwo ihre Bahn suchen in Eurem Leben. Das kann befreiend wirken oder auch Chaos mit sich bringen, je nachdem, wie viel Raum in Eurem Leben für die Liebe und Gefühle ist. Aber eines kann ich Euch garantieren: Langweilig wird Euer neues Jahr bestimmt nicht!

Jetzt schauen wir uns Euren Erlebnishintergrund im Einzelnen an.

Jupiter im 2. Sonnenhaus bis zum 8. November

Glücksplanet Jupiter steht im Geld- und Wertebereich Eures Horoskops und zeigt an, dass Ihr bis November mit einer finanziell günstigen Phase rechnen dürft. Auch Eurem Selbstwertgefühl kann dieser Transit sehr guttun. Ihr werdet Euch nämlich bewusst, welche Potenziale in Euch schlummern, Eure inneren Schätze werden jetzt sichtbar. Das wiederum festigt Euren Glauben an Euch selbst und Euren Optimismus, wodurch Ihr gute Gelegenheiten in Euer Leben zieht.

Harmonieaspekt vom Mondknoten bis zum 6. November

Der Mondknoten steht ja auch noch günstig für Euch, nämlich bis zum November im Haus der Freundschaften und der Unterstützer. Das kann für Euch sehr wichtig werden, denn Ihr werdet wahrscheinlich ein paar knifflige Situationen zu bestehen haben, bei denen Ihr froh seid, wenn Freunde Euch zur Seite stehen und den Rücken stärken, oder wenn Ihr beruflich Hilfe aus Eurem Netzwerk bekommt.

Saturn, Pluto und Lilith

Eine entscheidende Energie in Eurem Leben wird sein, dass die kosmischen Schwergewichte Saturn und Pluto nun herausfordernde Aspekte zur Waagesonne bilden, und auch die wilde Lilith ist bis zum 6. August noch mit dabei. Diese Energien wirken in Eurem 4. Sonnenhaus der Familie. Vom Aspekt her zeigen sie aber auch gleichzeitig an, dass beruflich viel ansteht, und dass Ihr auch sehr erfolgreich sein könnt, was aber anstrengend ist. Diese Planetenkombination kann sich für Euch anfühlen, als hättet Ihr zwei Jobs: Einmal Euren normalen Job beziehungsweise Eure Karriere, womit Ihr Geld verdient, und dann noch einen zusätzlichen Job in Eurem Privatleben, wo es ständig irgendetwas zu regeln gibt. Dabei habt Ihr dann auch noch die Aufgabe, Euch selbst und die anderen zu motivieren.

Spannungsaspekt von Saturn noch das ganze Jahr und bis 2020

Der Aspekt von Saturn erzählt davon, dass Ihr Euch wünscht, Eure Familienmitglieder hätten mehr Zeit für Euch oder würden Euch mehr unterstützen. Die aber denken dasselbe: Nämlich, dass Ihr nicht genug Zeit für sie habt, weil Ihr ja beruflich so eingespannt seid. Wenn Ihr Euch darüber beschwert, macht das die Situation nur noch schlimmer und sorgt auf beiden Seiten für viel Frustration. Es wird im neuen Jahr sehr wichtig werden, dass Ihr mit Euren Lieben viel redet und Euch viel darüber austauscht, was jeder zu tun hat. Das gilt natürlich auch für Eure Partnerschaften und Liebesbeziehungen. Auch hier zeigt Saturn, dass man gegenseitig Ansprüche stellt und sich kritisch äußert, weil beide der Meinung sind, dass der Partner sich nicht genug einbringt und nicht genug seinen Pflichten nachkommt. In angespannten Momenten solltet Ihr innehalten und Euch mit den guten Gefühlen verbinden, mit den guten Gründen, weshalb Ihr mit diesem Menschen zusammen seid. Und natürlich helfen alle Aktivitäten, die Euch beide mal ablenken und lockerer machen. Unter dem Einfluss von Saturn neigt man dazu, zu müde für die schönen Dinge des Lebens zu sein, zu gestresst oder zu sehr im Kopf mit anstehenden Projekten beschäftigt. Das ist dann erst recht ein guter Grund, einmal abzuschalten, Events oder Ausstellungen zu besuchen oder sich Zeit für Erotik und Sinnlichkeit zu nehmen.

Ob nun in der Partnerschaft oder mit Euren Familienmitgliedern: grundsätzlich kann ich Euch nur raten, dass ihr Euch immer wieder gegenseitig anerkennt und auch mal Dankeschön sagt, für das, was jeder leistet, und dass ihr konstruktiv überlegt, wo sich jeder einbringen kann. Das gilt übrigens auch für Eure berufliche Situation. Auch hier ist es sehr wichtig, dass ihr das Gespräch sucht mit Euren Vorgesetzten oder Euren Mitarbeitern oder Kollegen, und klar definiert, wer welche Aufgabe übernimmt und für welches Ziel. Den direkten Aspekt von Saturn empfangen 2018 die Geburtstagskinder vom 22. September bis 4. Oktober.

Spannungsaspekt von Pluto noch das ganze Jahr und bis 2024

Außerdem spielt ja auch noch die Energie von Pluto eine Rolle, der für Auseinandersetzungen rund um die Themen Macht und Kontrolle sorgt. Vor allem, wenn Ihr zwischen dem 11. und dem 15. Oktober Geburtstag habt, steht leider auch das Thema Machtkämpfe im Raum. Das liegt ja eigentlich vielen Waagegeborenen gar nicht, aber im neuen Jahr seid Ihr streckenweise gefordert, Euch zu behaupten und Euren Einfluss geltend zu machen. Umgekehrt müsst Ihr auch wach bleiben und auf die Reaktionen anderer achten, damit sich von Euch nicht angegriffen fühlen. Ihr müsst Eure eigenen Grenzen klar definieren und auch die Grenzen anderer akzeptieren. Pluto ist ja der Transformationsplanet, und Ihr müsst Euch immer damit trösten, dass die Situationen, die er bringt, zwar sehr hart sein können, Euch aber im Endeffekt stark machen. Er wird Euch mit Euren Schattenseiten konfrontieren und vielleicht sogar einen großen Verlust bringen, privat oder im Job. Die Plutokrise soll letztlich dazu dienen, dass Ihr unter Druck Großes leistet und über Euch selbst hinauswachst. Aber Ihr solltet Euch nicht scheuen, wenn nötig, Hilfe in Anspruch zu nehmen. Sei es, indem ihr mal zu einem Psychologen oder Therapeuten oder zu einer Astrologin geht, sei es, dass Ihr Euch mit Physiotherapie helfen lasst, denn so ein Pluto Transit kann sich auch in körperlichen Schmerzen bemerkbar machen. Ich habe das auch durchgemacht, und ich habe mir immer gesagt: Das sind Wachstumsschmerzen. Am Ende seid Ihr stärker als je zuvor, aber es ist eben anstrengend.

Spannungsaspekt von Lilith bis zum 6. August

Dann haben wir noch die Lilith, die noch bis August im Steinbock steht im Steinbock steht, und dabei fast das gesamte Zeichen Waage aspektiert, genau genommen die Geburtstagskinder vom 29. September bis 22. Oktober. Sie fordert Euch auf, Euch mit Euren kraftvollen weiblichen Instinkten zu verbinden und Euch als Frau nicht auf der Nase herumtanzen zu lassen. Bequem ist dieser Aspekt allerdings nicht. Er macht Euch kompromisslos und ist strategisch nicht immer hilfreich, weil die Kräfte von Lilith mehr auf der instinkthaften Ebene funktionieren und weniger auf der Vorstandsebene, wo man diplomatisch und geschickt vorgehen muss. Vielleicht erlebt Ihr das durch Konflikte mit Frauenfiguren. Deswegen: Wenn Ihr Euch über eine Frau ärgert, dann schaut genau hin. Vielleicht verkörpert sie etwas, was Ihr jetzt braucht: Frechheit, wach sein, Krallen ausfahren, bei sich bleiben, sich nicht um des lieben Friedens willen anpassen, solche Dinge.

Harmonieaspekt von Lilith ab 6. August und bis Mai 2019

Die gute Nachricht: Lilith wird ab dem 6. August in den Wassermann gehen und damit in einen sehr guten Aspekt zur Waagesonne. Vielleicht vertragt Ihr Euch dann mit der schwierigen Frau, vielleicht platzt dann der Knoten, und es gelingt Euch, Eure weiblichen Instinkte und Kräfte so zu integrieren, dass sie Euch stärken und Euch helfen, mit den Herausforderungen in Eurem Leben fertig zu werden. Den Aspekt empfangen die Geburtstagskinder vom 23. September bis 11. Oktober. Lilith wird sich im Sommer auch mit Mars verbinden und teilweise auch mit der Venus, und das kann in Eurem Liebesleben stürmische Gefühle auslösen, die aber die Kraft haben, Euch zu beflügeln. Darauf gehe ich in Teil 2 des Jahres Horoskops ausführlich ein, wenn wir uns die Liebesplaneten näher anschauen.

Opposition von Uranus bis Mai und von November bis März 2019

Wenn Ihr zwischen dem 18. und 23. Oktober Geburtstag habt, steht Ihr immer noch unter dem prickelnden Einfluss von Uranus in Eurem Partnerhaus. Das bedeutet, Ihr wirkt sehr attraktiv und spannend auf andere und könnt in Begegnungen leicht jemanden für Euch begeistern. Andererseits kann dieser Transit auch Trennungen bringen, weil Ihr Euch in Eurer Beziehung allein gelassen fühlt oder auch den Partner auf einmal langweilig findet. Auch wenn Ihr vor lauter Stress ungewöhnlich ruppig und abweisend mit Eurem Partner umspringt, lauft Ihr Gefahr, dass dieser darauf mit dem Wunsch nach Trennung reagiert. Andererseits, wenn Ihr solo seid oder auch frisch getrennt, könnt Ihr ganz leicht neue, sehr spannende Lover finden. Dieser Einfluss wirkt von Januar bis Anfang Mai und dann noch einmal von November bis März 2019.

Harmonieaspekt von Jupiter ab dem 8. November bis Dezember 2019

Zum Schluss noch eine gute Nachricht: Ab dem 6. November geht Glücksplanet Jupiter ins Zeichen Schütze, und das ist ein sehr positiver Aspekt für die Waagesonne. Ihr werdet feststellen, dass dann vieles wieder runder läuft, Blockaden in der Kommunikation lösen sich dann wieder auf, Ihr werdet besser verstanden und viele Probleme lassen sich mit einer Portion Humor noch einmal neu durchdenken und lösen. Auch für die Liebe ist das ein guter Aspekt, denn er fördert das Kennenlernen, und zwar sowohl in Eurer unmittelbaren Umgebung, als auch wenn Ihr in die Ferne schweift, und fest liierte haben wieder Lust, Pläne für die Zukunft zu machen. Mit diesem versöhnlichen Aspekt klingt dann das Jahr aus und das war Euer Erlebnishintergrund für 2018.

Die Highlights und die kritischen Phasen
mit den Liebesplaneten Venus und Mars

Im Januar spürt Ihr wahrscheinlich schon, welche Art von Familiensituationen oder auch Verpflichtungen auf Euch zukommen. Ich habe das ja in Teil 1 des Jahres Horoskops genau beschrieben. Ihr habt jedoch gute Chancen, durch eine liebevolle Einstellung dazu Lösungen zu finden, die Euch auch im Laufe des Jahres noch nützlich sein werden. Auch der Neumond am 17. Januar lenkt noch einmal die Energie in diesem Bereich, er fällt in den Steinbock, und damit in Euer 4. Haus der Familie und Herkunft. Für die Neumondmeditation bietet sich an, dass Ihr über Themen wie gegenseitige Unterstützung und Anerkennung meditiert und darüber, wie ein sinnvolles Geben und Nehmen im neuen Jahr funktionieren kann, und was Eure Wünsche dabei sind. Vom 18. Januar bis zum 10. Februar läuft dann die Venus durch einen sehr schönen Aspekt zu Eurer Sonne und aktiviert dabei auch noch die Mondknotenachse. Das kann Euch Begegnungen mit Leuten bringen die Euch unterstützen und verstehen. Falls Ihr noch solo seid, solltet Ihr Euch diese Zeit im Kalender anstreichen, da ist die Chance erhöht, jemanden kennenzulernen. Der Mars geht vom 26. Januar bis zum 17. März in einen günstigen Aspekt zur Waagesonne und spricht davon, dass Ihr sehr überzeugend wirkt, mit den richtig gewählten Worten Einfluss ausüben könnt und auch Unterstützung bekommt.

Vom 17. März bis zum 15. Mai geht der Mars dann in einen Spannungsaspekt zur Waagesonne und lenkt die Energie auf Eure Familienangelegenheiten und die damit verbundenen stressigen Verpflichtungen, was sich auch beruflich auswirken kann. Da werdet Ihr um die eine oder andere Auseinandersetzung nicht herumkommen, aber versucht konstruktiv zu bleiben, denn wirklich üble Streits könnten langfristige Folgen haben. Während dieser Zeit kann Euch ein schöner Venusaspekt dabei unterstützen, diplomatisch zu bleiben und für Ausgleich sorgen, und zwar vom 24. April bis zum 19. Mai. Vielleicht solltet Ihr für diese Zeit eine Reise einplanen, einfach, um mal weg von dem ganzen Theater zu Hause zu kommen. Singles können dabei der Liebe begegnen. Auch wenn Ihr Euch weiterbildet oder ein Seminar bucht, kann das spannend für Euch werden.

Vom 13. Juni bis zum 7. Juli läuft die Venus dann durch den Löwen, auch dort aktiviert sie wieder die Mondknotenachse, was für die Chance steht, eine wichtige neue Beziehung anzufangen, sei es in der Liebe oder sei es eine Freundschaft.

Vom 16. Mai bis zum 10. August steht der Mars dann wiederum sehr günstig für die Waagesonne, und zwar in Eurem Haus der Lebensfreude. Diese Phase solltet Ihr nutzen und Euch Zeit nehmen für erotische Aktivitäten, oder auch, um Euch beim Sport oder beim Tanzen mit neuer Energie aufzuladen und den Stress abzuschütteln. Während dieser Zeit müsst Ihr berücksichtigen, dass der Mars vom 26. Juni bis 27. August rückläufig wird. Das kann sich so auswirken, dass Ihr das Gefühl habt, dass Eure Aktivitäten sich verlangsamen oder zum Erliegen kommen. Auch eine heiße Affäre, die Ihr begonnen habt, kann dann erst mal ins Stocken geraten, aber ab Ende August auch wieder in Gang kommen. Macht Euch in dieser Zeit keinen Leistungsdruck, sondern tut Euch etwas Gutes.

Stressig wird es, wenn der Mars während der Rückläufigkeitsphase noch mal in den Steinbock geht, also in einen Konfliktaspekt, und zwar in der

Zeit vom 13. August bis zum 9. September. Das betrifft dann vor allem nur die dritte Dekade.

Zeitgleich bekommt Ihr Unterstützung von der Venus, die vom 7. August bis zum 9. September durch Eurer eigenes Zeichen läuft, und das kann für Ausgleich sorgen. Das ist immer eine gute Zeit, denn dann hat man viel Charme und Ausstrahlung und kann andere überzeugen und wenn Ihr solo seid, flirtet Ihr sehr erfolgreich.

Vom 10. September bis zum 15. November steht der Mars dann wieder günstig für Euch, aber währenddessen bildet er einen Spannungsaspekt zur Venus. Das kann dazu führen, dass Ihr Euch leidenschaftlich und sprunghaft verhaltet, eventuell geht es dabei auch ums Geld. Für Single-Waagen wird das wohl eher eine prickelnde Phase, denn Mars und Lilith zeigen an, dass Ihr Euch gerne auf eine leidenschaftliche Affäre einlasst, besonders die Wagen der ersten Dekade. Ihr könntet auch einen inneren Konflikt erleben, weil Ihr Euch auf jemanden einlassen wollt, von dem Ihr eigentlich wisst, dass er nicht so wirklich gut für Euch ist. Das ist in Ordnung, solange ihr die Sache unter Kontrolle habt. Am 5. Oktober wird die Venus ja dann rückläufig, dann kann sich das Blatt noch mal wenden, vielleicht taucht jemand aus der Vergangenheit auf und das verändert die ganze Beziehungsdynamik. Vielleicht zieht Ihr Euch auch selbst aus einer neuen Sache wieder zurück. Dabei kann es darum gehen, ob man sich in Beziehungen aufeinander verlassen kann, und vielleicht spielt Ihr mit dem Gedanken, Euch zu trennen, wenn sich jemand als unzuverlässig erweist. Es wird jedenfalls ein heißer Herbst für Euch. Liebesentscheidungen sind erst nach dem 16. November sicher, wenn die Venus wieder direktläufig wird. Das solltet Ihr berücksichtigen, wenn Ihr Euch auf etwas einlassen wollt, was möglicherweise Konsequenzen hat.

Die Venus wird aufgrund ihrer Rückläufigkeit noch ein zweites Mal durch Euer Zeichen laufen, und zwar durch die dritte Dekade. Für Euch kann es sich sogar noch bis zum 1. Dezember hinziehen, ehe Ihr in einer Liebesangelegenheit endgültig Klarheit habt.

Denkt daran, dass ab dem 8. November Glücksplanet Jupiter einen sehr schönen Aspekt zur Waagesonne bildet. Selbst wenn eine Beziehung sich nicht nach Euren Wünschen entwickelt haben sollte, könnt Ihr dann zumindest den Sinn darin erkennen, und Ihr blickt dann wieder optimistisch in die Zukunft.

Jahreshoroskop

2018

Skorpion (23.10. - 22.11.)

Die wichtigsten kosmischen Tendenzen und der Erlebnishintergrund für 2018

Freut Euch auf 2018! Fast alle wichtigen Planeten stehen günstig zur Skorpionsonne, und der dominante Romantikaspekt des Jahres lenkt die Energie der kosmischen Liebe direkt in Euer Zeichen. Glücksplanet Jupiter im Skorpion spricht davon, dass Ihr Euch auf dem Höhepunkt eines 12-jährigen Zyklus befindet, und das noch bis November 2018. Das bedeutet, dass vieles, was Ihr anpackt, super laufen wird. Ich kann nicht sagen Alles, weil es ja immer sein könnte, dass andere Planeten oder der Aszendent in Eurem Horoskop stressige Aspekte empfangen. Aber was die Skorpionsonne angeht, gibt es viele gute Nachrichten. Pluto, Euer

Herrscher, steht noch die nächsten 6 Jahre günstig für Euch. Das heißt, Euer Einfluss und gegebenenfalls auch Eure Machtbefugnisse werden größer. Auch Saturn steht positiv für Euch, und es heißt, dass Ihr mehr Verantwortung und Kontrolle über Eure Lebensumstände gewinnt. Man respektiert Euch und viele werden Euren Rat und Eure Weisheit suchen, das ist natürlich besonders schön für alle Skorpiongeborenen, die im Bereich Therapie, Psychologie, Astrologie oder spirituelle Beratung arbeiten. Außerdem wird sich auch Neptun für die nächsten sieben Jahre in einem sehr schönen Aspekt zu Eurer Sonne befinden, was bedeutet, dass Eure Fähigkeit zum Mitgefühl für andere sich erweitert und Euch auch selber Freude macht.

Trotz der ganzen Harmonie am Himmel gibt es auch ein paar Herausforderungen für Euch, vor allem in der zweiten Jahreshälfte. Unruhestifter Uranus macht sich langsam, aber sicher auf, um das Partnerhaus der Skorpiongeborenen aufzumischen. Die wilde Lilith wird sich ab dem 6. August etwas querstellen und kann Unruhe in die Liebe und die Familienbeziehungen bringen. Der Mars wird aufgrund seiner Rückläufigkeit fast fünf Monate lang in Spannung zur Skorpionsonne stehen, und die Venus wird im Herbst rückläufig in Eurem Zeichen. Zusammen werden die Liebesplaneten für einigen Wirbel sorgen. Mehr darüber erfahrt Ihr in Teil 2 Eures Jahreshoroskops. Jetzt schauen wir uns Euren Erlebnishintergrund genauer an.

Harmonieaspekte von Neptun und Jupiter

Für Euch liegt jede Menge Liebe in der Luft. Die Kräfte von Romantikplanet Neptun und Glücksplanet Jupiter wirken über weite Strecken gleichzeitig auf Euch ein. Wenn ihr Single seid, dann wollt Ihr Euch wahrscheinlich neu verlieben und dafür habt Ihr die allerbesten Chancen. Und zwar für eine echte, große Liebe. Wenn Ihr schon eine schöne Beziehung oder Ehe habt, dann kann sich auch die Liebe zwischen Euch weiter intensivieren, und Ihr könnt neue Dimensionen der Gefühle und auch der Erotik miteinander erleben. Wenn Ihr Kinder habt, dann gelingt es Euch, sie zu lieben, ohne sie festhalten zu wollen. Alle Eure Beziehungen profitieren von den schönen Aspekten, und Ihr werdet sehr beliebt sein. Wenn Ihr kreativ seid, könnt Ihr wunderschöne Werke erschaffen. Die Glücklichen, die das große Trigon von Neptun und Jupiter direkt auf ihre Sonne empfangen, sind die Geburtstagskinder vom 3. bis 16. November.

Harmonieaspekt von Neptun, noch das ganze Jahr und bis 2025

Wenn Ihr zwischen dem 3. und dem 10. November geboren seid, dann empfangt Ihr das ganze Jahr über den schönen Romantikaspekt von Neptun auf Eure Sonne. Neptun macht Euch weicher und hilfsbereiter, und Ihr habt Freude daran, Menschen zu helfen. Aber man sollte das nicht als Schwäche auslegen. Ihr habt ein untrügliches Gespür dafür, zu erkennen, wenn Euch jemand ausnutzen will. Und dann zieht Ihr die Konsequenzen.

Glücksplanet Jupiter wird bis zum 8. November 2018 noch mehr Geburtstagskinder beglücken, nämlich alle Skorpiongeborenen, die zwischen dem 3. und dem 21. November Geburtstag haben. Und bei den Skorpionaszendenten wird Jupiter durch das 1. Haus laufen, dass ist ebenfalls sehr positiv. Auch wenn Ihr vor dem 3. November Geburtstag hattet, profitiert Ihr weiterhin von Jupiter, denn Ihr konntet Euch ja schon seit Oktober 2017 mit dieser schönen positiven Energie aufladen und befindet Euch immer noch auf dem Gipfel Eures 12-jährigen Lebenszyklus. Falls Ihr bisher noch an Euch gezweifelt habt, glaubt Ihr jetzt an Eure Möglichkeiten und besitzt eine große Gestaltungskraft. Oft ist der Skorpion ja misstrauisch, aber Jupiter verhilft Euch dazu, ins Vertrauen zu kommen. Auch andere werden auf Euch aufmerksam, Ihr seid beliebt, man sucht Eure Nähe und Euren Rat. Natürlich ist das auch super für die Liebe, denn mit mehr Selbstvertrauen flirtet es sich einfach besser. In Eurer festen Partnerschaft ist der Partner jetzt vielleicht angenehm überrascht, dass Ihr großzügig und liebevoll auf ihn eingeht. Die Kehrseite dieser Konstellation kann sein, dass man zu sehr von sich selbst überzeugt ist, und es damit übertreibt, es sich gut gehen zu lassen. Mit Jupiter im eigenen Zeichen oder auch am Aszendenten nehmt Ihr übrigens leichter zu als sonst, denn Jupiter steht ja für Fülle. Es ist sicher keine gute Zeit, um abzunehmen. Solange Ihr unter Jupiters Einfluss steht, achtet einfach darauf, dass Ihr Euer Gewicht haltet und nicht weiter zunehmt. Andererseits ist es eine gute Zeit für Vitamin- und Mineralkuren, denn Euer Organismus nimmt alle Vitalstoffe jetzt besonders gut auf und nutzt sie auch besonders intensiv.

Harmonieaspekt von Saturn noch das ganze Jahr und bis 2020

Während Saturn durch den Steinbock läuft, wird er einen günstigen Aspekt zur Skorpionsonne bilden. Das bedeutet, Ihr werdet neue, seriöse Leute kennenlernen, mit denen Ihr Interessen teilt und ernsthaft an einer Sache arbeitet. Auch in der Nachbarschaft könnt Ihr Euch Respekt verdienen, indem Ihr für bestimmte Anliegen Verantwortung übernehmt. Saturn geht durch Euer 3. Sonnenhaus, und das kann eine wundervolle Phase sein, die Kunst der Manifestation mit Worten auszuüben. Alle Skorpione, die schon immer ein Buch schreiben wollten, sollten dieses Projekt jetzt in Angriff nehmen, sie können in den nächsten zweieinhalb bis drei Jahren etwas erschaffen, was lange Bestand hat und viel Anerkennung findet. Für die Liebe bedeutet dieser Aspekt, dass Ihr Gefallen an einem Partner findet, der deutlich älter ist und Euch durch seine Kompetenz und seinen Erfolg beeindruckt. Vielleicht auch, weil er eine gewisse würdevolle Art hat, die Euch gefällt. Ihr könnt der Liebe auch im Zusammenhang mit Eurer Arbeit und Eure Karriere begegnen. Es ist gut möglich, dass Ihr Euch in jemanden aus der Chefetage verliebt, besonders wenn das ein seriöser Typ ist. Wenn Ihr schon in einer Beziehung seid, arbeitet Ihr vielleicht mit Eurem Schatz gemeinsam an einem neuen Projekt, was Euch viel Freude macht. Den genauen Aspekt von Saturn auf ihre Sonne haben 2018 die Geburtstagskinder vom 23. Oktober bis zum 4. November.

Harmonieaspekt von Lilith bis zum 6. August

Auch die wilde Lilith befindet sich noch bis zum 6. August im Zeichen Steinbock im freundschaftlichen Aspekt zu Eurer Sonne. Das verstärkt noch mal Eure magische Ausstrahlung und lässt Euch besonders im Gespräch faszinierend wirken. Wenn Ihr als Berater mit psychologischem Hintergrund tätig seid, wird euch das eine Menge neuer, interessanter Klientinnen bringen, und noch mal eine neue Tiefe der Kommunikation. Wenn Ihr kreativ mit Worten seid, zum Beispiel als Schriftsteller, Blogger, Texter, Journalist, kann Lilith Euren Geist schärfen und Euer Augenmerk auf außergewöhnliche und interessante Themen lenken. Diesen Aspekt empfangen die Geburtstagskinder vom 29. Oktober bis 21. November.

Spannungsaspekt von Lilith ab dem 6. August und bis Mai 2019

Ab dem 6. August geht Lilith dann in den Wassermann und damit in einen herausfordernden Aspekt zu Eurer Sonne, und zwar in Euer 4. Haus der Familie. Dort kann sie Unruhe stiften, vielleicht gibt es Probleme mit Töchtern oder Schwiegertöchtern, die rebellisch reagieren. Vielleicht gefällt Euch auch etwas in Eurem Heim nicht mehr und Ihr möchtet es verändern, zum Beispiel um Raum für Eure kreative Tätigkeit zu schaffen. 2018 kann sich der Lilith Transit vor allem in der Liebe für Euch auswirken, denn sie bildet heiße Aspekte zum Mars und auch zur Venus. Darauf gehe ich in Teil 2 des Jahreshoroskops ein, wenn wir uns die Liebesplaneten anschauen. Diesen Lilith Aspekt spüren 2018 vor allem die Geburtstagskinder vom 23 Oktober bis 10. November.

Opposition von Uranus von Mai bis November, ab März 2019 bis 2025

Spannend wird der Eintritt von Uranus in Euer Partnerhaus von Mai bis November. Manche für Euch werden dann den Drang verspüren, in ihrer Beziehung etwas zu verändern oder eine neue Beziehung anzufangen. So leicht werdet Ihr eine bestehende Partnerschaft nicht aufgeben, aber mit diesem Einfluss geht es darum, der Liebe wieder neues Leben einzutauchen. Es gibt neue Einflüsse und Veränderungen, und beide Partner müssen sich darauf einstellen. Wenn einer nicht mitmacht, kann das zur Trennung führen. Günstig ist der Aspekt für Soloskorpione, denn dann zeigt Uranus aufregende und spannende Begegnungen mit außergewöhnlichen Leuten an. Ab März 2019 geht Uranus dann endgültig und für die nächsten 6 Jahre durch Euer Partnerhaus. 2018 betrifft das erst mal nur die Geburtstagskinder vom 23. bis 26. Oktober.

Jupiter im 2. Sonnenhaus ab 8. November und bis Dezember 2019

Am 8. November wird dann der Glücksplanet Euer Zeichen verlassen und sich den Schützen zuwenden, um ihnen Glück und Aufmerksamkeit zu schenken. Das ist aber kein Grund, traurig zu sein, weil er dann immer noch günstig für Euch steht, und zwar vor allem finanziell und für Euer Selbstwertgefühl. Ihr könnt auch in dem Jahr nach dem Jupiter Transit durch Euer eigenes Zeichen weiterhin davon profitieren, Lorbeeren ernten und finanzielle Vergünstigungen einstreichen. Das war Euer Erlebnishintergrund für das ganze Jahr, und der sieht doch wirklich gut aus.

Die Highlights und die kritischen Phasen
mit den Liebesplaneten Venus und Mars

Ihr startet wahrscheinlich energiegeladen ins neue Jahr, denn der Mars und Jupiter stehen in Eurem Zeichen. Es kann nur sein, dass Ihr andere ein wenig überfordert oder überrollt mit Eurer Power. Am glücklichsten werdet Ihr im Januar, wenn Ihr anderen Eure Hilfe anbietet, die jetzt vielleicht erschöpft und ausgepowert sind. Oder Ihr werkelt stillvergnügt an Euren Hobbys oder Herzensprojekten, wenn Euch gerade niemand braucht. Wer einen Flirt angefangen hat, spürt viel Lust auf Liebe und Erotik und Euer Gegenüber wird Euch kaum widerstehen können. Übrigens, Mars und Jupiter in einer engen Verbindung, das soll sehr gut fürs Kinderzeugen sein. Das könnt Ihr ja mal ausprobieren, wenn Ihr einen Kinderwunsch habt! Auch die Venus steht noch bis zum 18. Januar in einem schönen, freundschaftlichen Aspekt zu Euch, so dass sich bestimmt Freunde bei Euch melden und Ihr einen regen Austausch habt.

Vom 11. Februar bis 7. März steht die Venus traumhaft schön für Euch und aktiviert die Romantikkonstellationen des Jahres. Diese Phase solltet Ihr Euch merken, und Zeit für die Liebe reservieren.

Vom 17. März bis zum 15. Mai steht der Mars dann auch wieder günstig, und Eure Vorhaben gehen gut voran. Zeitweise gleichzeitig habt Ihr die Venus im Partnerhaus, und zwar vom 31. März bis zum 24. April, da stehen beide Liebesplaneten super für Euch. Besonders prickelnd ist die Zeit vom 8. bis zum 19. April für Begegnungen und einen inspirierenden Austausch mit Leuten, die mit Euch auf einer Wellenlänge liegen.

Ab dem 15. Mai wird der Mars für insgesamt rund 5 Monate lang einen Spannungsaspekt zu Eurer Sonne bilden, und zwar vom 16. Mai bis zum 13. August, und dann noch einmal vom 11. September bis zum 15. November. Während dieser Phasen neigt Ihr dazu, gereizt zu reagieren, trotz der großräumigen Harmonieaspekte auf Eure Sonne. Diese schönen Einflüsse dominieren zwar das Jahr, aber der Mars ist eben auch nicht ohne, zumal es in der astrologischen Tradition auch Euer Mitherrscher ist. Ihr steht also in Resonanz mit dem Kampfplaneten. Im praktischen Erleben kann das bedeuten, dass es bei Euch zu Hause einigen Trubel gibt, sei es das Familienmitglieder unangemeldet bei Euch hereinschneien, sei es, dass Kinder ausziehen, es könnte auch Stress mit Söhnen oder Schwiegersöhnen geben. Vielleicht wollt Ihr auch schwungvoll an eine Renovierungsarbeit oder eine technische Neuerung in Eurem Haushalt herangehen, und das ist dann nerviger und herausfordernder, als Ihr gedacht hättet. Mars im 4. Haus kann Handwerker anzeigen, mit denen man sich herumstreiten muss.

Während dessen unterstützt Euch aber zeitweise die Venus mit einem Harmonieaspekt, nämlich vom 19. Mai bis zum 13. Juni. Dieser Aspekt fördert auch eine Reise, vielleicht wäre es ganz gut, wenn Ihr in der Zeit mal von Zuhause wegkommt und den ganzen Trubel zeitweise hinter Euch lassen könnt, am besten mit Eurem Schatz. Wer auf Partnersuche ist, könnte auf einer Reise oder einer Fortbildung einen interessanten Flirt anfangen.

Die Herausforderungen mit dem Mars sind aber noch nicht ausgestanden, denn er wird ja auch noch rückläufig und zwar vom 26. Juni bis zum 27. August. In dieser Zeit kommen viele Aktivitäten zum Erliegen, und bei Euch können das zum Beispiel die begonnenen Arbeiten rund um

Euer Haus oder Eure Wohnung sein. Am besten, Ihr stellt Euch darauf ein, dass in den Sommermonaten ständig etwas dazwischenkommt. Vielleicht könnt Ihr ja dann mal in Urlaub fahren und abschalten. Ab dem 27. August kommen die Dinge dann allmählich wieder in Gang.

Diese ganze Phase hat aber auch eine wichtige Dimension für die Liebe, denn während der Mars rückläufig ist, bekommt Ihr Besuch von der Venus, die dann in Euer Zeichen läuft, und zwar vom 9. September bis zum 31. Oktober. Das ist an sich eine gute Nachricht, aber die Venus wird während dieser Zeit ein paar hitzige und leidenschaftliche Aspekte zum Mars bilden, wo sich dann auch noch die Lilith einmischt. Es besteht die Gefahr, dass Ihr in dieser Zeit auf Abwege geratet, weil ja weiterhin die ganze Zeit diese Romantikaspekte so stark für Euch wirken. Wenn ihr eine schöne, funktionierende Beziehung habt, solltet Ihr sie nicht aufs Spiel setzen. Wenn Ihr solo seid und jemanden sucht, kann sich eine äußerst prickelnde Affäre ergeben, die aber auch eine dunkle Seite hat und vielleicht Gefühle von Eifersucht und Verlustangst auslöst. Vielleicht, weil Ihr im Grunde wisst, dass die ganze Sache nicht funktionieren kann. Trotzdem kann die Leidenschaft so groß sein, dass Ihr Euch da hineinstürzen wollt. Besonders heiß und riskant ist die Zeit vom 9. bis zum 23. September. Die Venus wird ja auch rückläufig, und zwar am 5. Oktober, dabei bleibt sie bis zum 31. bei Euch im Skorpion und das kann Verwicklungen anzeigen. Jemand kann sich zurückziehen, oder Ihr zieht Euch vielleicht zurück, oder es taucht jemand aus der Vergangenheit eines der Beteiligten auf und das verändert dann die ganze Dynamik. Wie auch immer, Liebesentscheidungen sind nicht sicher bis zum 16. November, wenn die Venus wieder direktläufig wird. Doch ein Happy End ist in Sicht, denn vom 2. Dezember bis zum 7. Januar 2019 läuft die Venus dann wieder im Vorwärtsgang durch Euer Zeichen und führt sozusagen die verwirrten Fäden wieder zusammen. Deswegen würde ich allen liierte Skorpione raten, kein Risiko eingehen, wenn Ihr im Grunde in Eurer Beziehung glücklich seid. Denn im Dezember seid Ihr Euch wahrscheinlich wieder ganz sicher, dass Eure Partnerschaft die richtige ist. Für Soloskorpione bieten die Konstellationen natürlich tolle Gelegenheiten, sich zu verlieben, bei ihnen ist eher das Risiko, dass die andere Person vielleicht noch gebunden ist oder in irgendwelchen Schwierigkeiten steckt. Aber auch für Euch sind die Chancen groß, dass es ein Happy End geben wird. Insgesamt habt Ihr 2018 außergewöhnlich schöne Aspekte von den großen Planeten, so dass Ihr mit Herausforderungen durch den Mars bestimmt gut fertig werdet.

Jahreshoroskop

2018

Schütze (22.11. - 21.10.)

Die wichtigsten kosmischen Tendenzen und der Erlebnishintergrund für 2018

Ihr könnt Euch freuen, dass der Druck durch Saturn jetzt nachlässt und Ihr das Gefühl habt, von vielen Sorgen und Ängsten befreit zu sein. In der Liebe wird es ein spannendes Jahr. Von Mai bis November wird der Mars über weite Strecken in einem günstigen Aspekt zur Schützesonne stehen und Euch mit witzigen Einfällen, der Lust auf heiße Diskussionen und viel Charisma ausstatten. Ihr begegnet der Liebe sozusagen direkt vor der Haustür, vor allem, wenn Ihr offen und neugierig durch die Welt geht. Ihr habt Mut, Gespräche anzufangen, und das hilft Euch natürlich sehr beim Flirten und bei der Kontaktaufnahme. Die Konstellation ist übrigens auch sehr gut, um über das Internet mit jemandem anzubandeln. Auch der Mondknoten steht noch bis November in einem guten Aspekt für Euch und zeigt für Schützen, die viel reisen oder sich fortbilden oder Seminare besuchen, besonders gute Chancen, dabei tolle Leute kennenzulernen. Ab dem 8. November des Jahres läuft es dann richtig gut für Euch, wenn der Jupiter in den Schützen wechselt und Euch dann für 13 Monate mit seiner Power versorgt und verwöhnt.

Jetzt schauen wir uns Euren Erlebnishintergrund an, also wie die langsam laufenden Planeten 2018 für Euch stehen und welche Einflüsse sie anzeigen.

Saturn im 2. Sonnenhaus noch das ganze Jahr und bis 2020

Und wir fangen an mit Saturn, der steht zwar nicht mehr im direkten Aspekt zur Schützesonne, aber vom Zyklus her geht er nun bis Ende 2020 durch Euer zweites Finanzhaus, und da gibt es einige Sachen zu beachten. Wahrscheinlich stellt Ihr fest, dass Ihr aus der Vergangenheit immer noch hohe Ausgaben habt, und deswegen müsst Ihr Eure finanzielle Situation im Auge behalten. Dabei geht es um Eure finanzielle Absicherung, weniger um Expansion. Ihr müsst jetzt Ernsthaftigkeit und Reife entwickeln, was Eure Geldangelegenheiten angeht. Das ist auch eine gute Zeit, in der Ihr Schulden abbauen könnt. Ungünstig ist der Transit, um neue Kredite aufzunehmen. Auf jeden Fall profitiert Ihr beim Umgang mit Euren Finanzen von der Lernerfahrung, die Ihr mit Saturn im Schützen in den letzten drei Jahren durchgemacht habt. Auch wenn man mit Saturn immer sparen muss, ist der Saturntransit eine Phase, in der Ihr Euch langfristig eine finanzielle Sicherheit aufbauen könnt. Auch beruflich ist es wichtig für Euch, dass Ihr die Anstrengungen und Erfolge der letzten drei Jahre nun absichert und dafür sorgt, dass sie weiterhin Früchte tragen.

Jupiter im 12. Sonnenhaus bis zum 8. November

Auch Jupiter bildet keinen Hauptaspekt mehr zur Schützesonne, sondern er hat sich in Euer 12. Sonnenhaus zurückgezogen. Für die Liebe bedeutet das, dass Ihr vorübergehend ruhiger werdet, oder dass Euch verborgene Affären interessieren. Wenn Ihr spirituell orientiert seid, begegnet Ihr der Liebe eher im Zusammenhang mit einer Meditationsgruppe oder mit Gleichgesinnten, die auch auf dem spirituellen Weg sind, als auf lauten Partys, zu denen Ihr vielleicht auch gar nicht so viel Lust habt. Natürlich werden Venus und Mars Euch auch immer wieder aus dieser selbst gewählten Enklave herauslocken. Aber es liegt insgesamt so eine Art mystische Stimmung für Euch in der Luft, und Ihr interessiert Euch einfach für die Dinge, die man eher in der Stille oder im eigenen Inneren findet. Das ist natürlich eine großartige Konstellation für alle Schützen, die auf dem spirituellen Weg weiterkommen wollen. Sie kann auch das schöne Gefühl mit sich bringen, von unsichtbaren Kräften beschützt und geführt zu werden. Im November ändert sich das wieder, spätestens dann hat die Welt Euch wieder! Dann wechselt nämlich Jupiter ins Zeichen Schütze und besucht Euch damit sozusagen bei Euch zu Hause. Plant jetzt schon mal, Euren Geburtstag 2018 mit einer großen Party zu feiern und damit ein neues Jahr einzuläuten, indem Ihr wieder öfter im Mittelpunkt steht!

Spannungsaspekt von Neptun noch das ganze Jahr und bis 2025

Dieser Hang zu geheimen Affären hat aber nicht nur damit zu tun, dass Euch Jupiter sozusagen ins Verborgene lockt, sondern natürlich auch mit dem Einfluss von Neptun, der in den Fischen steht und eine Spannung zur Schützesonne bildet. Vor allem, wenn Ihr zwischen dem 2. und dem 8. Dezember Geburtstag habt, empfangt Ihr diesen Einfluss und landet womöglich immer wieder in Dreiecksbeziehungen oder trefft Leute, die Geheimnisse haben. Da die Planeten aber nicht nur äußere Personen beschreiben, sondern auch die innere Psychologie, könnt Ihr natürlich auch selbst diejenigen sein, die ein Geheimnis mit sich herumtragen, was alle ihre Beziehungen beeinflusst. Ich sag's Euch Ihr Lieben, auf die Dauer ist das nichts für Euch. Der Schütze möchte eigentlich gerne offen und ehrlich sein, zu sich selbst stehen und leidet auf die Dauer darunter, wenn irgendwo immer eine Geheimhaltung nötig ist. Es sei denn, Ihr habt im Geburtshoroskop viele Planeten im Skorpion, dann seid Ihr durchaus Geheimniskrämer, das müsste man dann mal in einer Beratung klären. Aber grundsätzlich ist die Schützesonne lieber frei und ehrlich, deswegen solltet Ihr auf die Dauer versuchen, unklare Mehrfachbeziehungen zu sortieren und Entscheidungen zu treffen, die Euch zu mehr Einfachheit und Klarheit verhelfen. Der Schütze an sich hat es gerne unkompliziert, und da solltet Ihr Eurer Natur treu bleiben. Denn sonst zeigt Neptun an, dass Euch das buchstäblich bis in Eurem Schlaf verfolgt und Schlafstörungen, schlechte Träume und häufige Müdigkeit können die Folge sein.

Harmonieaspekt bis Mai und von November bis März 2019

Anders sieht es für Euch aus, wenn Ihr in den letzten Tagen des Schützezeichens Geburtstags habt, also zwischen dem 15. und 21. Dezember.
Dann steht Ihr nämlich zumindest bis Mai, und dann noch einmal von
November bis März 2019, unter dem Einfluss von Uranus, der während
dieser Zeiten sehr günstig zu Eurer Sonne steht. Ihr habt weiterhin Lust,
zu feiern und könnt tolle und aufregende Menschen kennenlernen. Das
können Leute sein, die irgendwie unpassend erscheinen, viel jünger o-
der viel älter, aber das ist ganz egal, weil die Chemie einfach großartig
ist. Schützen in fester Beziehung profitieren von diesem Aspekt, weil sie
sehr unternehmungslustig und experimentierfreudig sind, gerade auch,
wenn es um Erotik und Sexualität geht.

Harmonieaspekt von Lilith ab dem 6. August und bis Mai 2019

Ein sehr interessanter Aspekt für Euch beginnt am 6. August 2018, dann
wechselt die Lilith in den Wassermann und damit beginnt eine Zeit, in
der Ihr besonders inspiriert und kreativ seid. Besonders Schützen, die
gerne schreiben und Texten, sei es im Tagebuch oder Briefe und E-Mails,
oder sei es, sogar professionell, als Journalist, Blogger, oder Schriftsteller, werden begeistert sein. Ihr habt nicht nur tolle Ideen, Ihr trefft auch
unfassbar spannende Leute, vor allem Frauenfiguren, die Euch in positiver Weise herausfordern und Euch ganz tolle Anregungen geben. Umgekehrt wird auch das, was Ihr zu sagen habt, für heiße Diskussionen sorgen und viel bewegen. Wenn Ihr also vorhabt, etwas Kreatives zu
schreiben, haltet Euch die zweite Jahreshälfte dafür frei. Und diesen

Aspekt spüren besonders die Geburtstagskinder vom 22. November bis
10. Dezember

Mondknoten im 9. Sonnenhaus

Der Mondknoten steht fast das ganze Jahr super für Schützegeborene,
denn er lenkt Eure Sehnsucht und die Energie Eurer Seele in das 9. Sonnenhaus, das ist praktisch Euer Zuhause im Horoskop. Und da geht es
um Themen wie Reisen, höhere Bildung, Abenteuer, den Horizont
erweitern und auch Eure persönliche Philosophie. Fragt Euer Herz,
wohin die Reise gehen soll. Was wollt Ihr von diesem schönen Planeten
noch sehen und lernen? Nutzt Euer Fernweh und Eure Lust auf Erfahrungen im Ausland oder durch Fortbildungen, denn sie werden Euch
nicht nur persönlich bereichern, sondern sie erhöhen auch die Chance,
ganz tolle Menschen kennenzulernen. Und diese schöne Phase geht
noch bis zum 6. November 2018.

Jupiter im Schützen ab dem 8. November und bis Dezember 2020

Am 8. November wechselt Jupiter in Euer Zeichen. Er gilt ja grundsätz-
lich als Glücksplanet, aber weil er Euer Zeichen beherrscht, habt Ihr na-
türlich einen besonderen Draht zu diesem Glück. Im Schützen wird sich
Jupiter wunderbar entfalten können, und alles, was Ihr vorher in der
Stille erforscht und erkannt habt, könnt Ihr dann in die Welt hinaustra-
gen, und man wird Euch zuhören und Euren Rat suchen. Mit Jupiter in
Eurem Zeichen werdet Ihr Spaß haben, Party machen und häufig im
Mittelpunkt stehen.

Die Highlights und die kritischen Phasen
mit den Liebesplaneten Venus und Mars

Der Neumond am 17. Januar findet in Euren 2. Sonnenhaus statt, da würde sich für die und Neumondmeditation anbieten, dass Ihr darüber nachdenkt, wie Ihr das Jahr finanziell gestalten wollt und was Ihr braucht, um Euch innerlich reich zu fühlen.

Vom 18. Januar bis zum 11. Februar steht die Venus günstig zu Eurer Sonne, das ist ein schöner Aspekt für süßes Liebesgeflüster, und auch, um im Internet jemand nettes kennen zu lernen.

Ab dem 26. Januar und bis zum 17. März wird der Mars durch den Schützen laufen und damit durch Euer 1. Haus. Merkt Euch schon mal diesen Zeitraum, in der Zeit kriegt Ihr unheimlich viel geschafft und habt viel Schwung, und außerdem viel Lust auf Sex. Wer gerne Sport treibt, kann sich in dieser Zeit fit fürs Frühjahr machen.

Die Mondfinsternis am 31. Januar steht im harmonischen Aspekt zu Euch, haltet Euch bereit, Euren Freunden zu helfen, die sich vielleicht mit ihrem Herzallerliebsten überworfen haben. Ihr bleibt wahrscheinlich locker und habt für alle ein offenes Ohr.

Eine etwas kritische Phase könnte die 2. Hälfte des Monats Februar werden, da geht die Venus durch die Fische und verbindet sich dann mit Neptun, und der steht ja in Spannung zu Eurer Sonne, das kann Heimlichkeiten und Dreiecksverhältnisse anzeigen. Also seid in der Zeit ein bisschen vorsichtig. Vom 7. bis ein 30. März habt Ihr dann wieder eine harmonische Liebesphase, und gegen Ende März ergeben sich besonders für die 3. Dekade noch mal stark prickelnde Flirtchancen.

Vom 24. April bis zum 19. Mai wird die Venus durch die Zwillinge laufen, und damit geht sie dann durch Euer Partnerhaus. Das ist super für geselliges Beisammensein, man trifft nette Leute und natürlich sind auch die Flirtchancen erhöht. Klassischerweise besonders für Schützemänner, die dann vielleicht eine süße Venus treffen. Schützefrauen sollten mit Freundinnen losziehen, dann flirtet es sich besonders gut. Vom 6. bis zum 10. Mai gibt es allerdings einen Konflikt zu Neptun, der zu Missverständnissen in der Liebe führen kann. Da könnte dann ein Flirtpartner sehr geheimnisvoll sein, aber vielleicht auch schon gebunden. Denkt bitte bei neuen Flirts an die 90 Tage Regel.

Der Mars wird 2018 über weite Strecken günstig zur Schützesonne stehen. Vom 16. Mai bis zum 13. August und dann noch mal vom 10. September bis zum 15. November bildet er einen freundschaftlichen Aspekt, d.h. Ihr seid unternehmungslustig und schwungvoll. Das ist auch ein guter Aspekt, um im Internet jemanden kennen zu lernen. Ihr habt den Mut, jemanden anzusprechen und seid witzig und schlagfertig. Passt aber auf, dass Ihr Euer Gegenüber auch mal zu Wort kommen lasst. Außerdem ist das auch ein guter Aspekt für die sexuelle Lust und Leidenschaft, denn der Mars gibt Euch Antrieb und auch Sex Trieb! Ab dem 26. Juni wird der Mars allerdings rückläufig, dann habt Ihr vielleicht das Gefühl, dass Ihr nicht weiterkommt, sei es beim Flirten oder auch bei beruflichen Projekten. Aber keine Sorge, das ist nur vorübergehend. Es kann auch sein, dass jemand, den Ihr in dieser Zeit kennengelernt habt, sich erst mal wieder zurückzieht, aber der kommt dann wieder, und zwar ab dem 27. August, wenn der Mars wieder direktläufig wird. Auch Eure sonstigen Aktivitäten kommen dann wieder in Gang.

Einen besonders guten Lauf habt Ihr vom 14. Juni bis zum 9. Juli, wenn die Venus durch das Zeichen Löwe läuft, denn da aktiviert sie den Mondknoten und damit das Potenzial für Seelenbegegnungen. Für Euch passiert das im Sonnenhaus der Reisen und des Fernwehs, wenn Ihr solo seid, könnt Ihr da der Liebe auf Reisen und im Ausland begegnen. Das wäre vielleicht eine Idee, sich dann Urlaub zu nehmen. Auch der Mars steht zu dieser Zeit günstig zur Schützesonne. Das ist aber nicht nur für die Liebe eine aufregende Zeit, auch für Eure Freundschaften. Andere könnten von diesen Konstellationen ganz schön herausgefordert werden und durcheinanderkommen, und die freuen sich dann, wenn Ihr sie aufheitert und ablenkt. Ähnliches gilt für die Zeit vom 6. August bis zum 9. September, da läuft die Venus durch Euer Freundschaftshaus und unterstützt Euch auch dabei, mit netten Leuten in Kontakt zu kommen, wenn Ihr noch solo seid. Es ist auch sehr gut möglich, dass Eure Freunde versuchen, Euch zu verkuppeln, und das solltet Ihr ruhig zulassen. Liierte Schützen sollten sich in dieser Zeit gemeinsamen Freunden widmen und etwas Schönes unternehmen, es würde sich auch ein gemeinsamer Urlaub mit anderen Paaren oder Freunden anbieten.

Aufgrund ihrer Rückläufigkeit kehrt die Venus vom 31. Oktober bis zum 2. Dezember dann noch mal zurück in diesen guten Aspekt zur Schützesonne, vor allem für die 3. Dekade. Falls Ihr einen Flirt angefangen hattet, und derjenige hat sich zurückgezogen, kann sich das ab Mitte November wieder zum positiven ändern.

Ab dem 8. November bekommen alle Eure Beziehungen Aufwind, weil dann Jupiter in Euer eigenes Zeichen gehen wird, und davon profitiert bis zum 31 Dezember vor allem die 1. Dekade der Schützen. Aber ich denke, Ihr werdet das alle spüren, denn Jupiter ist ja Euer Herrscher und wenn er das Zeichen wechselt, schwingt Ihr alle mit in dieser Energie. Deswegen merkt Euch: wenn zwischenzeitlich nicht alles so läuft, wie Ihr es gerne hättet, könnt Ihr ab dem 8. November darauf vertrauen, dass das Glück auf Eurer Seite ist, und dass für die nächsten 13 Monate.

Jahreshoroskop

2018

Steinbock (21.12. - 20.1.)

Die wichtigsten kosmischen Tendenzen
und der Erlebnishintergrund für 2018

Euer Herrscher Saturn wird für die nächsten drei Jahre durch Euer Zeichen wandern. Ihr werdet wichtige Entscheidungen treffen und große neue Aufgaben in Angriff nehmen, sowohl beruflich als auch privat. Pluto steht auch in Eurem Zeichen und das noch für die nächsten 6 Jahre. Das heißt, viele Steinböcke werden Zeiten des Wandels erleben, in denen sich ganz grundlegende Dinge in ihrem Leben verändern. Auch

Lilith steht noch bis August im Steinbock und fordert Euch auf, Euch treu zu bleiben und Eurem Weg zu folgen. Jupiter und Neptun bilden vorteilhafte Aspekte für Euch, das zeigt positive Entwicklungen für Euer Sozialleben und für Eure Finanzen an. Und Uranus wird ab Mai nach sieben langen Jahren endlich in einen günstigen Aspekt zur Steinbocksonne laufen, was aufregende Möglichkeiten für die Zukunft bringt.

Saturn im Steinbock, noch das ganze Jahr und bis 2020

Jetzt schauen wir uns Euren Erlebnishintergrund für 2018 näher an, und wir fangen an mit dem wichtigsten Faktor für Euch, nämlich mit Saturn. Er läuft 2018 durch die erste Dekade des Steinbocks, aber auch die übrigen Steinbockgeborenen und die Steinbock Aszendenten werden diesen Einfluss spüren. Für Euch ist das ein dreijähriger Erfolgsmarathon, und da steckt ja eigentlich schon alles drin: Erfolg, aber eben auch Marathon. Das heißt, große Anstrengungen und viel Disziplin sind vonnöten, damit Ihr gut und gesund im Ziel ankommt. Ihr solltet sobald wie möglich einen Plan für die nächsten drei Jahre machen und Euch fragen: Was sind meine Ziele, und wie viel Aufwand kann und will ich da hinein investieren? Was ist realistisch? Was könnte schiefgehen? Saturn wird Euren Blick streng auf das Machbare richten, und wahrscheinlich werdet Ihr öfter als sonst besorgt sein, ob das auch alles so klappt. Wenn es richtig gut läuft, werdet Ihr Großartiges leisten und Eure Ziele auch erreichen. Ihr werdet befördert, die Öffentlichkeit wird auf Euch aufmerksam, man erkennt Euch als Autorität auf Eurem Gebiet an, Ihr erlebt einen Höhepunkt Eures Erfolgs. Und wenn Ihr gerade erst anfangt, könnt ihr jetzt den Grundstein für einen knapp 30-jährigen Erfolgszyklus legen. Im ungünstigen Fall kann Saturn mit Frustration und Verzögerungen einhergehen und auch mit mentaler und physischer Erschöpfung, Stichwort Burn-Out. Das könnt Ihr verhindern, indem Ihr mit Disziplin, Ruhe und Konzentration vorgeht, und dafür sorgt, dass Ihr in Eurer Mitte bleibt. Und Ihr müsst Eure Zeit gut einteilen, damit es nicht zu viel auf einmal wird. Außerdem braucht Ihr Unterstützung. Überlegt schon mal, wer Euch helfen kann, oder ob Ihr vielleicht noch zusätzliche Mitarbeiter einstellen könnt, denn das Arbeitspensum wird enorm sein. Am besten, Ihr betrachtet Euch wie einen Leistungssportler, der hart auf ein sportliches Ziel hintrainiert. Da kann man sich keine Exzesse leisten, man muss sich gut ernähren, auf Drogen verzichten, man muss regelmäßig trainieren aber auch regelmäßig Pause machen, damit man sich nicht verletzt. Und man muss sich seine Kräfte gut einteilen!

Für Eure Liebesbeziehungen heißt das, dass vieles von Euch abhängt, und dass Ihr die Verantwortung nicht auf Euren Partner abwälzen könnt. Allerdings hilft es Euch jetzt sehr, wenn Ihr einen verständnisvollen Partner habt, denn Ihr könnt jetzt jede Unterstützung gebrauchen. Genau wie ein Marathonläufer dankbar ist, wenn man ihm Wasser reicht oder ein Tuch zum Schweiß abwischen oder einfach, wenn man ihn anfeuert, so braucht Ihr jetzt auch Eure Leute, die Euch anspornen und Euch Mut machen. Deswegen müsst Ihr mit Euren Beziehungen und Freundschaften super bewusst umgehen, und das ist nicht einfach, denn wenn man Druck von Saturn bekommt, kann man ganz schön unwirsch im Umgang werden. Wenn Ihr mit Eurer Arbeit beschäftigt seid, dann seid Ihr in einer anderen Welt, praktisch unerreichbar für Eure Lieben. Das wird besonders schwierig, wenn Euer Partner sehr anhänglich ist oder Hilfe braucht, und Ihr seid dann nicht da. Wenn sich solche Situationen häufen, kann das sogar zur Trennung führen. Damit der Spaß und die Lebensfreude nicht zu kurz kommen, müsst Ihr Euch vornehmen,

Euch auch mal was Gutes zu tun und dafür auch Termine im Kalender freihalten. Dabei solltet Ihr dann unbedingt Eure Familie und Euren Partner mit einbeziehen, damit die wenigstens etwas von Euch haben. Wenn Ihr solo seid, hat das für Euch zumindest den Vorteil, dass Ihr Euch voll und ganz in Eure persönlichen und beruflichen Projekte hinein-stürzen könnt, ohne dass jemand sich vernachlässigt fühlt. Den direkten Saturn Aspekt empfangt Ihr, wenn Ihr zwischen dem 21. Dezember und dem 3. Januar Geburtstag habt, oder wenn Euer Aszendent in der 1. Dekade des Steinbocks steht. Tipp für den Steinbockaszendenten: Saturn im 1. Haus ist immer eine gute Zeit zum Abnehmen, das passiert oft von ganz alleine, weil man so viel Stress hat und darüber das Essen vergisst. Aber denkt daran: Auch, wenn das ein willkommener Effekt für Euch ist, Ihr müsst Euch unbedingt hochwertig ernähren. Der Saturn Transit kann auch gesundheitlich sehr anstrengend sein. Saturn regiert ja die Knochen, die Knie und die Haut, wundert Euch also nicht, wenn Ihr Rückenschmerzen oder Knieprobleme bekommt, oder wenn Eure Haut auf den Stress reagiert. Die besten Heiler für Saturnprobleme sind die Osteopathen, ist zumindest meine Erfahrung. Über diesen gesundheitli-chen Aspekt werden wir in meinem Workshop „Saturn Probleme heilen" am 19. Januar 2018 ausführlich reden.

Pluto im Steinbock, noch das ganze Jahr und bis 2024

Wir müssen uns auch den Einfluss von Pluto anschauen, den empfangen 2018 die Geburtstagskinder vom 7. bis zum 12. Januar auf die Sonne. Er zeigt einen großen Wandel im Leben an. Manche müssen sich komplett neu aufstellen und neu erfinden, für andere bedeutet es, dass sie mehr Machtbefugnisse und mehr Einfluss bekommen, manchmal auch beides auf einmal. Wenn es Euch gelingt, diesen Wandel zu integrieren, stärkt das Eure Selbstbestimmung. Leider wirkt Pluto manchmal auch durch tiefe Lebenskrisen, zum Beispiel durch einen Verlust in persönlichen Beziehungen oder auch eine gesundheitliche Kondition, oder durch äußere Umstände, die wir nicht unter Kontrolle haben. Pluto konfrontiert uns mit unseren Schattenseiten, aber er weckt auch verborgene Kräfte, von denen wir gar nicht wussten, dass wir sie überhaupt haben. Wenn man aus so einer Krise herauskommt, ist man wie der Phönix aus der Asche und stärker als je zuvor.

Lilith im Steinbock bis zum 6. August

Auch Lilith geht durch den Steinbock. Wie Saturn will sie, dass Ihr Euer Ding durchzieht, bloß dass Lilith dabei weniger den gesellschaftlichen Aufstieg im Sinn hat, als vielmehr, dass Ihr authentisch seid und Euer wahres Ziel verfolgt, und das ist ja nicht immer das gleiche, wie das berufliche Ziel. Lilith zeigt den Konflikt an, wenn Eure inneren und äußeren Ziele nicht übereinstimmen. Auch in Eurem Liebesleben verlangt Lilith von Euch, dass Ihr zu Euren wahren Gefühlen steht, ob die nun gesellschaftlich passen oder nicht. Und diese Herausforderungen erleben die Geburtstagskinder vom 28. Dezember bis zum 20. Januar, also die meisten Steinböcke. Danach geht Lilith ins Zeichen Wasserman. Ob sie Euch dann weiter beschäftigt, hängt davon ab, in welchem Haus sie sich dann befindet, oder ob Ihr auch Planeten im Wassermann habt, was ja bei vielen Steinbockgeborenen der Fall ist. Das müsste man in einer persönlichen Beratung klären.

Harmonieaspekte von Jupiter und Neptun

Nach den ganzen Herausforderungen habe ich jetzt gute Nachrichten für Euch, nämlich die günstigen Aspekte von Jupiter und Neptun. Beide sorgen für eine Atmosphäre, in der Ihr trotz aller beruflichen Herausforderungen sehr gute Liebestendenzen habt und auf andere sehr attraktiv wirkt – wenn Ihr der Liebe eine Chance gebt! Wenn Ihr also zu interessanten Partys und Veranstaltungen eingeladen werdet, geht hin, Ihr werdet Euch amüsieren und interessante Leute treffen. Auch die vergnügliche Zusammenarbeit mit Gleichgesinnten, die mit Euch auf einer Wellenlänge liegen, steht unter guten Sternen. Schöne Erlebnisse an ungewöhnlichen Orten, zum Beispiel Fernreisen oder interessante Seminare, würden Euch sehr guttun, also plant solche Auszeiten, die sind nicht nur gut für die Liebe, sondern da ladet Ihr auch Eure Batterien wieder auf. Wenn Ihr zwischen dem 1. und dem 5. Januar geboren seid, wirken beide Planetenkräfte gleichzeitig auf Eure Sonne. Das stimmt Euch romantisch und mildert den harten Einfluss von Saturn ab. Den günstigen Jupiter Aspekt empfangen alle Geburtstagskinder vom 1. bis zum 20. Januar. Und das ist auch finanziell ein sehr guter Einfluss. Wenn Ihr dank Saturn viel zu tun habt und fleißig seid, dann wird es finanziell ein hervorragendes Jahr für Euch.

Spannungsaspekt von Uranus bis Mai und von November bis März 2019

Gemischte Nachrichten gibt es von Uranus: Von Januar bis Mai und noch ein letztes Mal von November bis März 2019 bekommen die Geburtstagskinder vom 16. bis 20. Januar den stressigen Aspekt von Uranus aus dem Widder. Er zeigt einen Drang nach Veränderung an, in festen Beziehungen auch das Gefühl, dass man sich auseinandergelebt hat und sich trennen will. Dann wäre Beziehungsarbeit nötig, und das, wo Ihr sowieso schon so viel zu tun habt. Da ist dann die Frage: Ist es Euch Eure Beziehung wert? Die müsst Ihr Euch ganz ernsthaft stellen.

Harmonieaspekt von Uranus von Mai bis November, ab März 2019 bis 2025

Von Mai bis November beginnt dann aber der günstige Einfluss von Uranus, der für sieben Jahre gute Tendenzen bringt. 2018 spüren als erstes die Geburtstagskinder vom 21. bis 23. Dezember dieses angenehme Gefühl von frischem Wind, Inspiration und erotischen Knistern. Und wenn sie noch solo sind, verspricht Uranus aufregende und interessante Flirtpartner.

Mondknoten im Partnerhaus ab 6. November und bis Mai 2020

Zum Schluss noch eine gute Nachricht: Ab November 2018 wird der Mondknoten ins Zeichen Krebs gehen und damit in Euer Partnerhaus. Dann rücken die Themen Partnerschaft und Familie wieder stärker in den Fokus. Meine Erfahrung ist: Steinböcke gelten als effektiv und karrierebewusst – durchaus zu Recht – aber im Grunde ihres Herzens sind sie die totalen Familienmenschen.

Das war Euer Erlebnishintergrund für 2018, ein Jahr, in dem Ihr so ziemlich alles erreichen könnt, was Ihr wollt, Hauptsache Ihr vergesst darüber den Humor und die Lebensfreude nicht!

Ihr startet voller Ideen und Projekte ins neue Jahr, denn 5 Planeten lenken die Energie in Euer Zeichen, und die Venus steht auch dabei. Falls Ihr einen neuen Flirt am Laufen habt, wird es bestimmt gleich zu Jahresbeginn spannend, denn wir haben am 2. Januar einen Vollmond bei Euch auf der Beziehungsachse. Das kann einen Partner anzeigen, der sehr gefühlvoll oder emotional ist und Euch mit Beschlag belegt, während Ihr wahrscheinlich stark mit Euch selbst und Euren ganzen Plänen beschäftigt seid. Aber immerhin, die Venus in Eurem eigenen Zeichen zeigt an, dass Ihr auch Platz für die Liebe lasst. Noch bis zum 18. Januar steht die Venus in Eurem eigenen Zeichen. Das ist nicht nur schön für liebevolle Gefühle, sondern auch für Eure Selbstliebe, und die ist ja ganz wichtig, jetzt, wo Saturn in Eurem Zeichen steht. Da neigt Ihr nämlich dazu, vor lauter Arbeitsaufwand und Projektideen Euer Wohlergehen ein bisschen zu vernachlässigen. Der Neumond am 17. Januar findet im Steinbock statt und er bietet Euch die Gelegenheit, über Eure Pläne und Vorhaben für das kommende Jahr, vielleicht sogar für die kommenden 3 Jahre zu meditieren und Wünsche zu formulieren, und Euch dabei selbst liebevoll anzunehmen.

Der Mars bildet noch bis zum 26. Januar einen günstigen Aspekt zu Eurer Sonne und das gibt Euch Schwung für Eure Vorhaben und zeigt außerdem die Unterstützung von Freunden oder Mitarbeitern an. Für die Liebe ist es auch ein lustvoller Aspekt, falls Ihr also jemanden zum kuscheln habt, nehmt Euch Zeit dafür, und das gilt vor allem für die 3. Dekade.

Die Lilith steht ja auch bei Euch im 1. Haus und beeinflusst die 1. Dekade und alle, die den Aszendenten zwischen 5° und 10° Steinbock haben, das kann bedeuten, dass Ihr viel Freiraum für Euch selbst braucht. Andererseits, wenn Ihr solo seid, wirkt Ihr wahrscheinlich sehr faszinierend auf potentielle Partner. Ihr seid aber nicht in der Stimmung, einem Flirtpartner zuliebe irgendwelche Spielchen zu spielen, weil mit Euch selbst und Euren Projekten beschäftigt seid.

Die Mondfinsternis am 31. Januar bildet keine direkten Aspekte zu Eurer Sonne, es sei denn Ihr habt Planeten im Wassermann oder im Löwen, dann könntet Ihr sie allerdings deutlich spüren. In dem Fall schlagt doch bitte in den Kapiteln für Löwe und Wassermann nach, worauf Ihr Euch bei der Mondfinsternis einstellen solltet.

Vom 10. Februar bis zum 6. März steht die Venus wieder sehr günstig für Euch, sie läuft durch die Fische und aktiviert den Romantikaspekt des Jahres. Da seid Ihr durchaus offen für liebevolle Ablenkungen von Eurem strammen Programm, und wer von Euch über den Jahreswechsel viel gearbeitet hat, sollte vielleicht einen Urlaub mit dem Partner in Betracht ziehen. Wer von Euch gerne schreibt oder damit sogar sein Geld verdient, der wird in dieser Zeit die wunderbarsten Inspirationen haben. Der Aspekt ist auch schön für Liebesbotschaften und Liebesgeflüster.

Ab dem 18. März und bis zum 15. Mai wird der Mars durch den Steinbock laufen. Das ist eine Zeit, wo man besonders viel Kraft und Schwung hat, seine Unternehmungen durchzuziehen, und oft auch sexuell einen großen Appetit. Allerdings gibt es in dieser Zeit vom 30. März bis zum 7. April einige Spannungen mit Mars, Saturn und der Sonne, da müsst Ihr damit rechnen, dass Ihr zeitweise wie blockiert seid, und das regt Euch dann auf. In dieser Zeit dürft Ihr Euren eigenen Frust nicht am Partner auslassen!

Zum Glück kommt Hilfe von der Venus, die geht nämlich ab dem 31. März und bis zum 24. April durch das Zeichen Stier und bildet währenddessen einen sinnlichen und kreativen Aspekt zu Eurer Sonne. Das ist sehr gut um eventuelle Konflikt beizulegen und die Kräfte von Venus und Mars in konstruktive und kreative Bahnen zu lenken, besonders in der Zeit vom 12. bis zum 18. April. In dieser Zeit verbindet sich der Mars auch mit der Lilith, und alle, die geflirtet haben und umworben wurden, haben dann vielleicht doch mal endlich Lust, sich auf diesen Flirt näher einzulassen, auch in erotischer Hinsicht.

Vom 19. Mai bis 13. Juni wird die Venus durch den Krebs und damit durch Euer Partnerhaus laufen. Das ist immer eine schöne Zeit für Geselligkeit, und Begegnungen fallen einfach netter und liebevoller aus. Auch die Chancen, jemanden kennen zu lernen sind erhöht, besonders für Steinbockmänner, die süße Flirts erleben können.

In der Zeit vom 10. Juli bis zum 6. August läuft die Venus durch die Jungfrau, wieder in einem günstigen Aspekt zur Steinbocksonne und im Sonnenhaus der Reisen. Das kann also eine gute Zeit für einen Liebesurlaub sein, und wenn Ihr solo seid, könnt Ihr der Liebe auf Reisen begegnen.

2018 wird der Mars ja auch rückläufig, und zwar zwischen dem 26. Juni und dem 27. August. Generell ist die Rückläufigkeitsphase von Mars eine Zeit, in der man sich wie gelähmt fühlen kann, wo Dinge zum Erliegen kommen Die Konstellation kann Euch auch beruflich Steine in den Weg legen, dabei ist besonders die zweite Augusthälfte heikel für Euch, speziell für die 3. Dekade, denn dann läuft der Mars noch mal ein Stück rückwärts durch den Steinbock. Um Schwierigkeiten aus dem Weg zu gehen, wäre es am besten, in dieser Zeit Urlaub zu machen. Darauf gehe ich dann in den Monatshoroskopen noch genauer ein.

Vom 9. September bis zum 31. Oktober läuft die Venus durch den Skorpion, in einem günstigen und freundschaftlichen Aspekt zur Steinbocksonne. Aber sie wird während dessen rückläufig, nämlich vom 5. Oktober bis zum 16. November. Und während dieser Zeit kommt es immer wieder zu heißen Spannungen zwischen den Liebesplaneten, der wilden Lilith und Überraschungsplanet Uranus. Das bedeutet, in der Liebe geht es hoch her, man ist heiß, und dann wieder kalt, man ist verliebt, und dann will man sich wieder trennen. Ihr seid wahrscheinlich eher in der Position der guten Freunde, bei denen sich die anderen ausweinen, denn die Aspekte betreffen Euch nicht so direkt, es sei denn Ihr habt Planeten im Wassermann oder im Skorpion im Horoskop. Das müsste man in einer persönlichen Beratung klären. Falls Ihr Single seid, kann aus so einer emotionalen Situation sogar ein Flirt oder eine neue Freundschaft entstehen. Trotzdem solltet Ihr während dieser Zeit vorsichtig damit sein, neue Beziehungen anzufangen, denn Entscheidungen sind bis zum 16. November noch nicht sicher.

Vom 1. November bis zum 2. Dezember kann es noch mal eine Liebeskrise für Euch geben, und zwar vor allem für die 3. Dekade. Doch direkt im Anschluss daran wendet sich alles wieder zum Guten. Bis zum 7. Januar 2019 werden beide Liebesplaneten in Harmonie miteinander stehen und dabei einen wunderbaren harmonischen Aspekt zur Steinbocksonne bilden.

Jahreshoroskop

2018

Wassermann (20.1. - 18.2.)

Die wichtigsten kosmischen Tendenzen und der Erlebnishintergrund für 2018

Ihr habt weiterhin fast das ganze Jahr den Mondknoten in Eurem Partnerhaus, und das ist ganz toll für die Liebe und für Begegnungen. Singles können einen neuen Partner finden, Liierte begegnen wichtigen Weggefährten, die ihnen wertvolle Impulse geben. Die wichtigste Nachricht ist, dass Euer Herrscherplanet Uranus das Zeichen wechselt, er wird vom Widder, wo er günstig für Euch steht, in den Stier wechseln, wo er stärkere Herausforderungen bringt. Jupiter im Sonnenhaus der Karriere zeigt an, dass Ihr beruflich ein großes Stück vorankommen werdet. In der zweiten Jahreshälfte sorgen die Liebesplaneten für Furore. Jetzt schauen wir uns Euren Erlebnishintergrund genauer an, und was die Aspekte im Einzelnen bedeuten.

Herrscherplanet Uranus

Und wir fangen an mit Eurem Herrscher, dem Uranus, denn Ihr steht natürlich stark in Resonanz mit den Bewegungen und den Aspekten dieses wichtigen Planeten. Weil Uranus das Unerwartete anzeigt, kann man für 2018 sagen, dass die Hälfte der Zeit voller unerwarteter Wunder ist, die andere Hälfte voller unerwarteter Störungen.

Harmonieaspekt von Uranus bis Mai und von November bis März 2019

Die günstige Phase ist von Januar bis Mitte Mai, und dann noch einmal von Anfang November bis März 2019. Da dürft Ihr beruflich mit aufregenden neuen Angeboten rechnen, und Ihr trefft interessante Menschen, mit denen sich überraschend gute Gelegenheiten ergeben, sei es geschäftlich oder privat zum Flirten oder als Freundschaften. Also positive Überraschungen. Den direkten Aspekt empfangen die Geburtstagskinder vom 13. bis 19. Februar.

Spannungsaspekt von Uranus von Mai bis November, ab März 2019 bis 2005 und 20

Von Mitte Mai bis Anfang November bildet Uranus dann einen Spannungsaspekt auf Eure Sonne, und zwar hier aus dem Stier heraus, das betrifft auch Euer 4. Haus der Familie. Besonders, wenn Ihr zwischen dem 20. und 23 Januar geboren seid, verspürt Ihr den Drang, etwas zu verändern, manchmal auch verursacht durch äußere Ereignisse. In Beziehungen denkt Ihr vielleicht an Trennung, weil Ihr das Gefühl habt, mit Eurem Partner nicht mehr auf einer Wellenlänge zu sein. Da müsstet Ihr dann schon Beziehungsarbeit leisten, vielleicht sogar an eine Paartherapie denken, um diese neuen Entwicklungen gemeinsam zu bewältigen. Auch in der Familie werden sich Dinge ändern, zum Beispiel, weil jemand aus- oder einzieht, weil Ihr den Wohnort wechselt, oder weil Ihr arbeitsbedingt wegziehen müsst. Diese Einflüsse sind aufregend, aber auch anstrengend. Gewöhnt Euch schon mal daran, denn Uranus wird für sieben Jahre diesen Aspekt zur Wassermannsonne bilden, und je mehr Ihr Veränderungen willkommen heißt und Euch flexibel drauf einstellt, desto einfacher wird es, diese Energie in Euer Leben zu integrieren.

Saturn, Pluto und Lilith im 2. Sonnenhaus

Die kosmischen Schwergewichte Saturn und Pluto, und bis zum August auch die Lilith, stehen in Eurem 12. Haus der Spiritualität und Neptun steht in Eurem 2. Haus des Selbstwertes. Diese Kombination kann Euch ganz tiefe spirituelle Einsichten bringen, kann Euch aber auch mit Euren größten Ängsten konfrontieren. Es kann sein, dass Ihr zwischendurch

Euren Lebensweg infrage stellt oder das Bedürfnis habt, Eure tiefsten Motivationen zu erforschen. Dazu trägt auch bei, dass der absteigende Mondknoten ja bei Euch im Zeichen steht und Euch mit der Vergangenheit verbindet, eventuell kommen sogar Gefühle oder Visionen aus vorherigen Leben in Euch hoch. Wenn Ihr schon immer mal eine Reinkarnationstherapie machen wolltet, könnt Ihr euch das für 2018 gut vornehmen. Auf jeden Fall hilft es Euch sehr, wenn Ihr eine starke, spirituelle Basis habt, wenn Ihr wisst, woran ihr glaubt und worauf Ihr im Leben vertrauen könnt.

Spannungsaspekt von Jupiter bis zum 8. November

Glücksplanet Jupiter ist 2018 auch in einer sehr wichtigen Position für Euch, nämlich in Eurem 10. Sonnenhaus der Karriere, da werdet Ihr bestimmt gute Fortschritte machen und viel Anerkennung bekommen. Ständig haltet Ihr Ausschau nach Gelegenheiten und davon wird es eine Menge geben. Es werden sich vielleicht sogar mehrere Verdienstmöglichkeiten für Euch ergeben. Am besten Ihr entscheidet Euch für den Weg, der Euch am meisten Geld bringt oder die größten Wachstumschancen für die Zukunft verspricht. Auf der anderen Seite müsst Ihr mit Euren Ausgaben vorsichtig sein, denn Jupiter steht ja in Spannung zur Wassermannsonne und das heißt, man übertreibt es gern. Man überschätzt vielleicht Projekte und Verdienstmöglichkeiten und gibt dann zu viel Geld aus. Achtet immer drauf, dass Ihr Euren Zahlungsverpflichtungen nachkommt und übernehmt Euch nicht bei Krediten und Neuanschaffungen. Den direkten Spannungsaspekt von Jupiter empfangen die Geborenen vom 1. bis 18. Februar.

Spannungsaspekte von Mars zwischen Mai und November

Für den Erlebnishintergrund ist dieses Jahr auch der Mars sehr wichtig. Er wird im Sommer rückläufig, und wird sich dadurch insgesamt fast fünf Monate in Eurem Zeichen aufhalten, nämlich vom 16. Mai bis 13. August und dann noch mal vom 11. September bis 15. November. Für Euch heißt das, Ihr seid zeitweise Superwoman oder Superman, Ihr habt Kräfte ohne Ende und könnt ein enormes Pensum bewältigen. Mars gilt ja als der Triebplanet, und ich denke, Ihr werdet 2018 viel Sex und Erotik brauchen. Und weil Mars auch der Planet des Egos ist, werdet Ihr manchmal selbst über Euch staunen, wie vehement Ihr Eure Interessen durchsetzt. Ihr könnt den Mars positiv nutzen, indem Ihr unglaubliche Mengen an Arbeit wegschafft und viel heißen Sex habt. Das kann aber auch negative Folgen haben, wenn Ihr Kollegen und Weggefährten vor den Kopf stoßt und Euch im Team egozentrisch und widerspenstig zeigt. Es wird Zeiten im Sommer und im Herbst geben, in denen Mars, Jupiter, Uranus, Lilith und die Venus Spannungen auf Eure Sonne bilden, und dann seid Ihr total heiß, was das Sexuelle und Liebesaffären angeht, aber eben auch unberechenbar und schnell aus der Ruhe zu bringen. Ihr solltet Euch wirklich für 2018 ein Sportprogramm verordnen, um diese Marskräfte in konstruktive Bahnen zu lenken. Ende Juni bis Mitte August kann es allerdings sein, dass Ihr Euch vorübergehend wie gelähmt fühlt, wie in einem Traum, wo Ihr laufen wollt, Euch aber nicht bewegen könnt. Da ist der Mars nämlich rückläufig im Wassermann, und am besten Ihr plant in dieser Zeit einen Relax-Urlaub ein oder Aktivitäten, bei denen es nicht so darauf ankommt, dass man schnelle Fortschritte macht.

Lilith im Wasserman ab dem 6. August und bis Mai 2019

Ab dem 6. August geht die Lilith in Euer Zeichen. Sie wird dazu beitragen, dass Ihr die exzentrische Seite Eurer Persönlichkeit stärker auslebt, und dass Ihr auf andere zeitweise provokant wirkt. Wenn Ihr bisher von Euch immer der Meinung wart, Ihr seid entspannt und unkompliziert, wundert Ihr Euch vielleicht, dass andere Menschen Euch nicht zu verstehen scheinen. Aber es wird 2018 wichtig werden, dass Ihr in Tuchfühlung mit den anderen bleibt, denn Ihr habt eine gewisse Tendenz abzuheben mit Euren fantastischen Ideen und Visionen. Und mit dem Jupiter gleichzeitig in Eurem Karrierebereich kann es durchaus sein, dass Ihr Euren Einfluss überschätzt. Versteht mich bitte nicht falsch, wahrscheinlich sind viele Eurer Einfälle genial und kreativ, aber das heißt nicht automatisch, dass alle scharf darauf sind, sie sofort umzusetzen oder auch, dass nur andere in der Lage sind, Eure Gedanken nachzuvollziehen. Der Wassermann gilt als zukunftsgerichteter Geist mit Anflügen von Genialität, und nächstes Jahr wird sich diese Tendenz verstärken, weil Ihr von Mars, Lilith und Uranus gewissermaßen angestachelt werdet. Ideal sind diese Einflüsse, wenn Ihr kreativ seid und relativ frei in der Gestaltung Eures Lebens und Eurer Arbeit. Dann werdet Ihr wahrscheinlich großartige Dinge hervorbringen und wahre Höhenflüge erleben. Aber wenn Ihr in einem gewissen Korsett von Anforderungen und Abläufen steckt und mit Leuten zusammenarbeitet, die das konservativer sehen oder kein Verständnis für Eure Einfälle haben, dann werdet Ihr Euch teilweise als unverstandene Genies fühlen, und dann kommt der Rebell heraus, der im freundlichen Wassermann steckt. In dem Fall würde ich Euch raten, Euch immer zuerst mit Freunden und Vertrauten zu besprechen, wie sie

Eure Ideen einschätzen. Beim Wassermann ist immer die Gefahr, dass er sich in einen geistigen Raum zurückzieht, wo ihn niemand mehr erreichen kann, Und das gilt auch für Eure Beziehungen. Mit Mars und Lilith könnt Ihr abwechselnd glühend heiß und eiskalt sein, und das kann Eure Lieben schon ganz schön irritieren. Natürlich lässt Euch das auch enorm charismatisch wirken. Wenn Ihr Single seid, habt Ihr garantiert viele Verehrer oder Verehrerinnen, die Euch faszinierend finden. Alle diese Einflüsse, die ich beschrieben habe, gelten natürlich nur für die Wassermannsonne. Je nachdem, wie Euer übriges Horoskop aufgestellt ist, werdet Ihr darauf vielleicht auch entspannter reagieren. Das müsste man in einer Beratung klären. Die Lilith wandert jedenfalls direkt über Eure Sonne, wenn Ihr zwischen dem 20. Januar und 7. Februar geboren seid.

Harmonieaspekt von Jupiter ab 8. November bis Dezember 2019

Zum Schluss noch eine gute Nachricht für Euch: Am 8. November wird Glücksplanet Jupiter in den Schützen gehen und bildet damit einen schönen Freundschaftsaspekt zur Wassermannsonne. Viele Spannungen lassen sich dadurch ausgleichen, und dann beginnt ein Jahr, in dem Eure Freundschaften und auch Euer berufliches Netzwerk Auftrieb erhalten. Ihr werdet neue Freunde und Gleichgesinnte finden, und die Erfolge, die Ihr 2018 erreicht habt, glücklich mit anderen teilen. Nach einem wilden Sommer und einem heißen Herbst habt Ihr dann allen Grund zum Feiern. Das war Euer Erlebnishintergrund 2018 für ein aufregendes Jahr mit vielen kreativen Möglichkeiten.

Die Highlights und die kritischen Phasen
mit den Liebesplaneten Venus und Mars

Wahrscheinlich startet Ihr mit vielen beruflichen Projekten ins neue Jahr, denn Jupiter und Mars stehen bei Euch im 10. Sonnenhaus der Karriere. Darüber kann es zu Konflikten kommen, zum Beispiel mit nahestehenden Menschen, die finden, dass Ihr zu wenig Zeit für sie habt oder mit Leuten, mit denen Ihr im Job zu tun habt. Haltet durch und lasst Euch nicht provozieren. Vom 26. Januar bis zum 17. März geht der Mars nämlich in einen günstigen Aspekt zu Eurer Sonne und dann bekommt Ihr viel leichter, was Ihr wollt.

Der Neumond am 17. Januar fällt in Euer 12. Sonnenhaus. Als Thema für Eure Neumondmeditation bietet sich an, dass Ihr darüber nachdenkt, woran Ihr glaubt, und wo Ihr einen spirituellen Halt findet, gerade im Hinblick darauf, dass es ein sehr turbulentes Jahr für Euch werden kann.

Gute Nachrichten gibt es von der Venus, die vom 18. Januar bis zum 10. Februar durch den Wasserman läuft, und Euch dort mit ihrer Liebesenergie verwöhnt. Die Sonne geht dieses Jahr am 20. Januar morgens um 4.09 Uhr in den Wassermann und versorgt Euch dann für vier Wochen mit Energie und Vitalkraft. Während dieser Zeit ereignet sich am 31. Januar eine totale Mondfinsternis. Und die fällt auf Eure Beziehungsachse. Wenn Ihr noch solo seid, bringt das für Euch gute Chancen jemanden kennen zu lernen. Aber die Mondfinsternis hat auch ihre Tücken, denn die Venus im Wassermann und damit auch Eure Sonne stehen am absteigenden Mondknoten. Das kann ein Liebesthema aus der Vergangenheit wieder zum Vorschein bringen, was Euch seelisch aufwühlen kann, weil dafür in Eurem jetzigen Leben vielleicht kein Platz mehr ist. Es ist aber auch eine Chance, Euch mit der Vergangenheit noch einmal zu verbinden und auszusöhnen. Das ist eine Zeit, in der viele karmische Begegnungen möglich sind. Doch passt darauf auf, dass bestehende Beziehungen nicht gefährdet werden. Geburtstagskinder, achtet bitte darauf, wenn Ihr Euren Geburtstag feiert und Leute dazu einladet, dass Ihr nur bloß niemanden vergesst, denn diese Konstellation zeigt auch an, dass eine Person sehr betroffen ist, wenn sie sich ausgeschlossen fühlt. Und es kann dauern bis sich das wieder eingerenkt hat, denn die Mondfinsternis wirkt noch bis zu 3 Monate weiter.

Vom 7. bis zum 30. März gibt es einen sehr schönen Venusaspekt für Eure Sonne aus dem Widder heraus, der spricht von schönen Seiten im Freundeskreis und netten gemeinsame Unternehmungen. Auch beruflich ist das vorteilhaft für Euch, denn Ihr bekommt wichtige Informationen zugespielt und könnt Euch ins rechte Licht rücken, um einen guten Eindruck zu machen.

Am 15. Mai beginnt dann die Phase, wo der Mars in Euer Zeichen geht, und dann reißen die Aufregungen bis zum Herbst nicht mehr ab. Ihr spürt das erst mal, weil Eure Kräfte steigen, Euer Schwung und auch Eure Lust auf Sex. Es läuft rund, vor allem Mitte Juni, wenn dann die Venus in Euer Partnerhaus geht. Da kommt dann eine schöne, attraktive Energie in alle Eure Begegnungen, auch geschäftlich macht dann das verhandeln Spaß und wenn Ihr solo seid, verstärkt Eure Flirtchancen. Allerdings steht ja weiterhin der Absteigenden Mondknoten in Eurem Zeichen, das bedeutet, Ihr müsst darauf achten, dass Eure Anliegen auch berücksichtigt werden. Dabei dürft Ihr aber nicht aggressiv vorgehen, der Mars in Eurem Zeichen legt nahe, dass Ihr Euch schnell aufregt. Euer Gegenüber hat durchaus Lust, etwas mit Euch auf die Beine zu stellen, und die Sache hat auch Potenzial. Deshalb lohnt es sich, die Ruhe zu bewahren und gleichzeitig ganz diplomatisch darauf zu bestehen, dass Geben und Nehmen im Gleichgewicht sind. Wenn Ihr das beachtet, könnt Ihr wunderbar Begegnungen erleben, und wenn Ihr auf der Suche seid, solltet Ihr Euch die Zeit vom 16. bis 22. Juni im Kalender anstreichen.

Vom 26. Juni bis zum 27. August wird der Mars rückläufig und da gibt es einige heikle Phasen für Euch. Er aktiviert dabei den absteigenden Mondknoten, der ja bei Euch im Zeichen steht, und das ist der Punkt der Vergangenheit und des Karmas. Das kann zum Beispiel anzeigen, dass in einem Konflikt bei Euch starke Emotionen ausgelöst werden, die vielleicht mit der aktuellen Situation gar nichts zu tun haben, sondern aus der Vergangenheit kommen. Während dessen ereignet sich dann auch noch eine totale Mondfinsternis am 27. Juli und das wieder bei Euch auf der Beziehungsachse. Wenn Ihr da nicht aufpasst, kann es zu einem emotionalen Konflikt kommen, der Euch persönlich und auch beruflich in Schwierigkeiten bringen könnte. Da müsst Ihr also gut auf Euch aufpassen oder gleich in Urlaub fahren, um dem Problem aus dem Weg zu gehen. Anfang August geht ja dann die Lilith in den Wassermann und verbindet sich dort mit dem Mars. Es ist gut möglich, dass Ihr dann sehr kompromisslos und abweisend reagiert, was Euch aber nicht unbedingt einen Vorteil bringt. Der Vorteil ist auf der Gegenseite, solange sich der aufsteigende Mondknoten im Löwen befindet und es wird schwer für Euch, zu gewinnen. Deswegen, auch wenn es Euch widerstrebt: versucht, diplomatisch und taktisch geschickt vorzugehen. Ab dem 13. August tritt etwas Beruhigung ein, denn dann verlässt der Mars den Wassermann und läuft zurück in den Steinbock. Er wird dann am 27. August wieder direktläufig und geht vom 11. September bis zum 15. November noch einmal im Vorwärtsgang durch Euer Zeichen. Dann steht Ihr nicht mehr so auf der Bremse und die Dinge kommen wieder in Fluss.

Alles gute Gründe, im Sommer nicht durch einen Konflikt berufliche oder auch private Beziehungen zu gefährden, die Euch wichtig sind. Vom 7. August bis zum 9. September bekommt Ihr dabei Unterstützung durch die Venus, die sich dann in einem Harmonieaspekt zu Eurer Sonne befindet. In dieser Zeit würde sich eine Urlaubsreise anbieten, die würde Euch guttun, und für Harmonie und Ablenkung sorgen.

Ganz ausgestanden sind die Spannungen aber noch nicht, denn auch die Venus wird noch rückläufig, und zwar vom 5. Oktober bis zum 16. November. Dabei steht sie in Spannung zur Wassermannsonne und in Eurem 10. Sonnenhaus der Karriere. Das könnte Schwierigkeiten anzeigen, wenn Ihr mit jemanden aus der Chefetage angebandelt habt, oder auch durch eine weibliche Vorgesetzte, die vielleicht ein Auge auf Euch geworfen hat, und Ihr wollt oder könnt Euch da aus guten Grund nicht drauf einlassen. Vom Aspekt her kann es auch ganz allgemein noch mal eine Wendung in der Liebe anzeigen, weil vielleicht eine Geschichte aus der Vergangenheit noch mal hochkommt.

Egal was passiert, wartet mit endgültigen Entscheidungen für Eure Beziehungen und auch Freundschaften möglichst noch ab bis nach dem 16. November. Dann seht Ihr wieder klarer und die Aufregungen lassen nach. Außerdem habt Ihr ab dem 8. November Glücksplanet Jupiter auf Eurer Seite und der verspricht Entspannung, Versöhnung und tolle Chancen für die Zukunft.

Jahreshoroskop

2018

Fische (18.2. - 20.3.)

Die wichtigsten kosmischen Tendenzen und der Erlebnishintergrund für 2018

Für die Liebe kann 2018 eines Eurer schönsten Jahre werden, also macht das Beste daraus! Geht vor die Tür, unternehmt viel, trefft Euch mit Leuten, besucht Ausstellungen und Konzerte, geht tanzen, widmet Euch kreativen Hobbys. Ihr könnt viel Spaß und viele aufregende Liebeserlebnisse haben. Nehmt Euch vor, aktiv zu werden und es auch wirklich zu genießen. Fast alle Planetenkräfte stehen 2018 günstig zur Fischesonne, und Glücksplanet Jupiter verbindet sich über weite Strecken mit Eurem Herrscherplanet Neptun. Das heißt, Ihr braucht nur Ihr selbst zu sein und seid damit erfolgreich und beliebt.

Neptun in den Fischen noch das ganze Jahr und bis 2025

Jetzt schauen wir uns Eure Aspekte im Einzelnen an. Der wichtigste kosmische Faktor ist natürlich Neptun, Euer Herrscherplanet. Er befindet sich im 7. Jahr seiner 14-jährigen Reise durch Euer Sternzeichen. Es ist also weiterhin eine besondere Zeit in Eurem Leben, in der Eure natürlichen Qualitäten gefördert werden: Fantasie, Mitgefühl, Charme, Friedlichkeit, romantische und selbstlose Liebe. Fische, die in heilenden und helfenden Berufen tätig sind, werden sich dort sehr gut einbringen können und sich wohl dabei fühlen. Außerdem repräsentiert Neptun auch die Bilderwelt und die Fantasie des Entertainments. Wenn Ihr also in einem künstlerischen Beruf tätig seid, auf der Bühne steht, fürs Fernsehen arbeitet oder vielleicht auch einen YouTube Kanal habt, dann werdet Ihr damit erfolgreich sein und Freude dran haben. Neptun verstärkt auch Eure Intuition, die sowieso schon gut ist, und Ihr hört nie auf, Eure Liebes- oder Flirtpartner mit Euren romantischen Fähigkeiten und Ideen zu verzaubern. Wenn Ihr noch nicht verheiratet seid oder noch keine schöne Beziehung habt, dann könnt Ihr dieses Jahr eine finden. Wenn Ihr in einer Beziehung seid, kann die Liebe zwischen Euch immer tiefer werden, jedenfalls werdet Ihr dazu beitragen. Es kommt natürlich darauf an, ob Euer Partner gerade sehr stressige Aspekte empfängt, zum Beispiel, wenn Ihr mit einem Steinbock-, Widder- oder Waagepartner zusammen seid. Aber im Grunde kann Euer Schatz sich freuen, denn wenn er unter Druck steht, werdet Ihr ihm helfen, wieder in die Liebe zu kommen. Weil Neptun Euer Herrscher ist, profitieren alle Fischegeborenen von diesem schönen Einfluss.

Wenn Ihr zwischen dem 1. und dem 5. März Geburtstag habt, wird Neptun direkt über Eure Sonne laufen, und das kann auch eine gewisse Verpeiltheit mit sich bringen. So schön der Einfluss auch ist, manchmal schwebt man damit so sehr in seiner eigenen Fantasiewelt, dass man nicht mehr mitkriegt, was in der Wirklichkeit vor sich geht. Ihr seid dann so ein bisschen wie ein Künstler, der wundervolle Kunst hervorbringt, aber im Alltag Schwierigkeiten hat, den Überblick zu behalten. Das kann ganz praktisch bedeuten, dass Ihr Termine verpasst oder mehrere Verabredungen auf die gleiche Zeit legt. Neptun auf der Sonne kann auch ein erhöhtes Schlafbedürfnis anzeigen. Wenn Ihr das spürt, solltet Ihr dem nachgeben. Wahrscheinlich träumt Ihr auch viel mehr als sonst, weil Ihr so empfindsam seid und viele Eindrücke zu verarbeiten habt. Das Gute ist, dass Ihr 2018 gleichzeitig stärkende Einflüsse vom Glücksplanet Jupiter und Machtplanet Pluto bekommt. Das bedeutet, Menschen, die Euch lieben, werden Euch gerne helfen. Es wird auch Gönner und Förderer geben, die Eure künstlerischen oder beruflichen Fähigkeiten erkennen und sich für Euch einsetzen. Also scheut Euch nicht, charmant um Hilfe zu bitten. Andere sind gern für Euch da!

Harmonieaspekt von Jupiter bis zum 8. November

Glücksplanet Jupiter wird bis November 2018 in einem traumhaften Aspekt für Euch stehen, besser geht es wirklich nicht. Der Aspekt erzählt davon, dass vieles, was Ihr anfasst, Euch mühelos gelingt, und dass Ihr mit Euren persönlichen Herzensprojekten Erfolg habt, dass man Euch gerne unterstützt, und dass man auf Eure Talente aufmerksam wird. Jupiter steht ja in Eurem 9. Sonnenhaus der Sinnfindung und der Reisen. Ihr entwickelt jetzt Vertrauen in Eure eigene Weisheit und Eure Lebensphilosophie. Wenn Ihr Fernweh verspürt, dann solltet Ihr 2018 unbedingt eine schöne Reise unternehmen. Dabei könnt Ihr auch die Liebe finden, wenn Ihr noch solo seid. Und Ihr könnt beruflich erfolgreiche Beziehungen ins Ausland knüpfen. Wunderbar ist dieser Aspekt, wenn Ihr unterrichtet, denn Ihr findet Anerkennung als Lehrer oder Seminarleiter und Eure Arbeit macht Euch eine Riesenfreude. Auch Fortbildungsmaßnahmen stehen unter guten Sternen. Die Geburtstagskinder vom 1. bis 20. März empfangen diesen Aspekt direkt auf ihre Sonne.

Harmonieaspekt von Saturn, noch das ganze Jahr und bis 2020

Genial ist, dass auch Erfolgsplanet Saturn günstig für Euch steht. Das heißt, er unterstützt Euch dabei, dass Ihr nicht nur romantische Träume im Kopf habt, sondern auch im Beruf oder in der Karriere vorankommt, vor allem dann, wenn Euch Eure Arbeit Freude macht und Ihr den Sinn darin seht. Dann seid Ihr beflügelt, und auch harte Arbeit kriegt Ihr gut hin. Im 11. Haus der Gönner und Gleichgesinnten zeigt Saturn auch Leute, die vielleicht älter sind oder die Euch streng vorkommen, die Euch aber voranbringen, wenn Ihr Euch von Ihnen fordert lasst. Es können sich auch Freundschaften zu älteren Menschen ergeben, deren Erfahrung Ihr schätzt, und wenn Ihr solo seid, findet Ihr vielleicht auch Flirtpartner interessant, die Euch mit einer gewissen Reife und Abgeklärtheit beeindrucken. Den Sextil Aspekt von Saturn empfangen dieses Jahr die Geburtstagskinder vom 18. Februar bis 2. März.

Harmonieaspekt von Pluto, noch das ganze Jahr und bis 2024

Auch Pluto steht im Steinbock und damit im günstigen Aspekt zur Fischesonne. Das merkt Ihr daran, dass Ihr mehr Ecken und Kanten entwickelt, mehr Profil zeigt und auch Menschen mit Einfluss und Power in Euer Leben zieht. Trotz Eurer sensiblen Intuition seid Ihr in der Lage, Euch abzugrenzen: Ihr erkennt es, wenn Euch jemand ausnutzen will und schiebt dem einen Riegel vor. Pluto kann Euch helfen, stärker in Eure Kraft zu kommen, und weil er in Eurem 11. Haus der Freunde steht, kann dies durch Freundschaften oder berufliche Kontakte passieren. Es kann auch sein, dass Ihr eine gesellschaftliche Aufgabe übernehmt, in der Ihr Euren Einfluss geltend machen könnt. All das kann lebensverändernd wirken. Wenn Ihr merkt, dass Entscheidungen anstehen, die Euer Leben nachhaltig beeinflussen, lasst Euch Zeit, die beteiligten Menschen näher kennenzulernen. Streckenweise wird Neptun gleichzeitig auf Eurer Sonne stehen, so dass Ihr Zeit braucht, um eine gute Entscheidung zu treffen und die Botschaften Eurer Intuition zu sortieren. Weil Ihr so eine umwerfende Ausstrahlung habt, werden mehrere Leute Euch verschiedene Projekte vorschlagen, und dann müsst Ihr Euch entscheiden, welchen Weg Ihr gehen wollt und was am besten zu Euch passt. Wahrscheinlich spüren viele der sensiblen Fische diese Einflüsse, aber am direktesten wirken sie auf die Sonne der Geburtstagskinder vom 7. bis 12. März.

Harmonieaspekt von Lilith bis zum 6. August

Auch die wilde Lilith geht noch bis zum 6. August durch Euer 11. Haus der Freunde. Dort verbindet sie sich zuerst mit Saturn und dann mit

Pluto. Sie bringt da einen Touch von Exzentrik hinein, der Euch wahrscheinlich gut gefällt, denn Ihr seid ja offen für Menschen, die aus dem Rahmen fallen. Lilith steht auch für Außenseiter, die ungerecht behandelt werden, da fühlen sich bestimmt viele Fische angesprochen zu helfen, besonders, wenn sie sich auch politisch interessieren. Vielleicht zeigt Lilith eine Freundin an, die Euch mit ihren feministischen Ideen anregt und aufregt. Jedenfalls ist das ein freundschaftlicher Aspekt, und den empfangen noch bis August die Geburtstagskinder vom 25. Februar bis 20. März.

Harmonieaspekt von Uranus von Mai bis November, ab März 2019 bis 2025

Aufregende Nachrichten gibt es auch vom Veränderungsplanet Uranus. Der wird nämlich ab Mitte Mai und vorerst bis Anfang November ins Zeichen Stier gehen und damit in einen förderlichen und anregenden Aspekt zur Fischesonne. Wenn Ihr zwischen dem 18. und dem 23. Februar geboren seid, fühlt Ihr Euch vielleicht zu deutlich jüngeren Partnern hingezogen, jedenfalls zu Menschen, die lustig und ungewöhnlich sind, und die Euch faszinieren und anregen. Ein solcher Flirt kann unglaublich knistern, und Ihr fühlt Euch belebt und erfrischt. Außerdem geht Uranus dann in Euer 3. Sonnenhaus, das heißt, Ihr werdet Euch vielleicht ein neues Interessengebiet erschließen, oder es gibt interessante Neuigkeiten von Euren Geschwistern. Dieser Aspekt dauert zunächst bis November, und ab März 2019 geht Uranus dann endgültig in den Stier und damit für sieben Jahre in diesen prickelnden und anregenden Aspekt.

Spannungsaspekt von Jupiter ab dem 8. November und bis Dezember 2020

Am 8. November geht Jupiter ins Zeichen Schütze und damit in Euer 10. Karrierehaus. Dann beginnt eine Zeit von 13 Monaten, in der Ihr beruflich viele Gelegenheiten und Chancen bekommt und sich für Eure Karriere spannende neue Perspektiven ergeben. Auf jeden Fall wird das eine Erfolgsphase. Allerdings bildet Jupiter dabei einen Spannungsaspekt zur Fischesonne, und wenn er dabei auch in Spannung zu Neptun geht, müsst Ihr Euch vor Illusionen und Übertreibungen in Acht nehmen, oder vor Leuten, die Euch falsche Versprechungen machen. Darauf gehe ich in meinen Monatsvideos ausführlich ein, wenn es soweit ist.

Mondknoten im 5. Sonnenhaus

Zum Schluss gibt es noch eine gute Nachricht: Am 6. November wird der aufsteigende Mondknoten ins Zeichen Krebs gehen. Damit bildet er einen vorteilhaften Aspekt zur Fischesonne und wandert für die nächsten eineinhalb Jahre durch Euer 5. Sonnenhaus der Kreativität und Lebensfreude. Das ist besonders schön für alle Fischegeborenen, die einen Kinderwunsch haben oder kreative "Babys" auf die Welt bringen möchten.

Das war Euer Erlebnishintergrund für 2018, ein tolles Jahr für die Liebe und für Eure Herzensprojekte.

Zum Start ins neue Jahr befindet Ihr Euch bereits in einer guten Venusphase, und die geht bis zum 18. Januar. Die Venus befindet sich in Gesellschaft der kosmischen Schwergewichte Pluto, Saturn, Lilith und der Sonne in Eurem 11. Sonnenhaus der Freunde. Das verspricht gesellige Aktivitäten und auch Einladungen, wenn Ihr mit Geburtstagskindern aus dem Zeichen Steinbock befreundet seid. Die Lilith zeigt dabei, dass Ihr auch schräge und ausgefallene Freundschaften pflegt. Saturn zeigt allerdings auch, dass Ihr bestimmten Leuten, die sich nur melden, wenn sie etwas von Euch wollen, auch ruhig die Grenzen zeigen solltet. Der Neumond vom 17. Januar im Steinbock findet ebenfalls in Eurem 11. Sonnenhaus statt. Denkt doch aus diesem Anlass mal über Eure Freundschaften nach, was Ihr Euch von Euren Freunden wünscht, und wo und wie Ihr Euch gegenseitig unterstützen könnt. Und gegebenenfalls auch, mit welchen Leuten Euch vielleicht nicht mehr so viel verbindet. Der Mars steht noch bis zum 26. Januar günstig für Euch, und zwar in Eurem 9. Sonnenhaus des Reisens. Wenn Ihr also gerne Winterurlaub macht, vielleicht noch ganz spontan, ist das ein guter Aspekt dafür. Aber da steht ja auch der Jupiter, und der verheißt noch das ganze Jahr kosmischen Rückenwind, wenn Ihr eine schöne Reise machen wollt. Ab dem 26. Januar und bis zum 7. März wird der Mars in eine Spannung zu Eurer Sonne laufen, das gibt Euch beruflich viel Schwung, kann aber auch eine gewisse Gereiztheit mit sich bringen. Andererseits könnt Ihr Euch recht gut durchsetzen, wenn es um Euer Fortkommen geht.

Vom 11. Februar bis zum 7. März läuft die Venus durch Euer eigenes Zeichen. Das ist auf allen Ebenen wunderbar für Euch, für die Liebe, für

149

Eure künstlerischen Projekte, für Eure sozialen Aktivitäten, und natürlich auch, wenn Ihr noch solo seid und jemanden becircen wollt. Spannend wird es zwischen dem 20. und dem 27. März, da stehen die Liebesplaneten in Spannung zueinander und zu Eurer Sonne, und das intensiviert alle Liebesangelegenheiten. Die Konstellation ist überwiegend prickelnd, nur Affären mit der Chefetage könnten in dieser Zeit etwas heikel sein, also Vorsicht. Die Geburtstagskinder, die Neptun auf der Sonne haben, müssen dann aufpassen, dass sie nicht durch unklare Signale Missverständnisse oder die Gefühle anderer verletzen.

Vom 17. März bis zum 16. Mai läuft der Mars durch den Steinbock und damit durch einen förderlichen Aspekt für Euch und durch Euer 11. Haus der Freundschaften. Das ist eine Zeit, wo Ihr aktive Unterstützung bekommt oder Euer Netzwerk erweitern könnt, auch durch einflussreiche Leute.

Einen sehr schönen Aspekt von der Venus bekommt Ihr vom 19. Mai bis zum 13. Juni, sie geht dann durch den Krebs und durch Euer 5. Sonnenhaus der Lebensfreude. Das fördert Eure Liebesbeziehungen und lässt es auch erotisch wunderbar prickeln, besonders in der Zeit vom 4. bis 11. Juni. Da kann sich eine spannende Affäre ergeben, vielleicht mit jemandem aus Eurem Netzwerk oder Freundeskreis, das kann eventuell auch heikel werden. Ihr könnt Euch und auch andere Beteiligte schützen, wenn Ihr die 90-Tage-Regel einhaltet: wartet erst mal drei Monate ab, wie sich die Sache entwickelt, dann seht Ihr klarer.

Vom 26. Juni bis zum 27. August wird der Mars rückläufig. In dieser Zeit werden die meisten Menschen spüren, dass sich bei Projekten und auch in Liebesbeziehungen Verzögerungen und Blockaden ergeben, dass die

Dinge nicht so recht vorangehen. Ihr seid davon vor allem dann betroffen, wenn Ihr Planeten im Wassermann oder im Steinbock habt. Die Fischesonne selbst dürfte damit nicht so viele Probleme haben, es sei denn durch andere, die davon betroffen sind, und mit denen Ihr zusammenarbeitet oder befreundet seid. Da braucht Ihr Geduld und Gelassenheit, und Ihr solltet eventuelle Probleme keinesfalls persönlich nehmen, wahrscheinlich hat es nichts mit Euch zu tun.

Während dieser Phase unterstützt Euch die Venus mit einem sehr positiven Aspekt, denn vom 10. Juli bis zum 7. August wird sie durch Euer Partnerhaus laufen. Das ist immer toll für geselliges Beisammensein, weil man in Begegnungen einen angenehmen, attraktiven Austausch hat. Ihr könnt das zum Flirten nutzen, oder um beruflich voran zu kommen: im Austausch mit anderen läuft es rund. Dabei verbindet sich die Venus erst mit Saturn, das spricht für eine Begegnung, die Zukunft haben kann und anschließend mit Neptun, da werden sich viele in Euch verlieben. Bitte weckt in anderen nicht falsche Hoffnungen, das kann besonders den Geburtstagskindern passieren, die Neptun auf der Sonne haben. Auch mit Pluto wird sich die Venus dann noch verbinden, da könnt Ihr an jemanden geraten, der sehr vielversprechend ist, aber wo erst mal Zurückhaltung angebracht ist, weil die Person womöglich noch andere Absichten hat. Vom 21. bis 31. Juli sind die Aspekte besonders heiß, aber auch ein bisschen gefährlich, also lasst Vorsicht walten!

Vom 9. September bis zum 30. Oktober bekommt Ihr wieder einen harmonischen Venusaspekt, und zwar aus dem Skorpion heraus, in Eurem 9. Sonnenhaus der Reisen. Dabei wird die Venus vom 5. bis 30. Oktober rückläufig sein. In dieser Zeit kann eine alte Urlaubsliebe noch einmal zu Euch zurückkehren, wenn Ihr jedoch eine neue Liebe anfangt, ist nicht sicher, ob sie Bestand hat. Sichere Liebesentscheidungen könnt Ihr wohl erst nach dem 16. November wieder erwarten. Grundsätzlich kann das eine sehr schöne Zeit für Euch werden, besonders wenn Ihr auf Reisen seid oder eine Fortbildung macht, solange Ihr Euer Herz nicht gleich weggebt.

Am 15. November geht der Mars in Euer Zeichen und bleibt dort bis zum Jahresende. Mars bringt ja immer einen Zuwachs an Energie und Vital-kraft und macht außerdem Lust auf Sex und Erotik. Und weil der Mars in den Fischen nicht so aggressiv ist, sondern eher subtil wirkt, macht Euch diese Konstellation sehr attraktiv und interessant. Dazu kommt, dass die Venus ab dem 2. Dezember und bis zum 7. Januar 2019 noch einmal durch den Skorpion geht, dann aber im Vorwärtsgang. D.h., die beiden Liebesplaneten stehen in einer idealen Harmonie für Euch. Ihr erlebt dann einen wunderbar kuscheligen Dezember mit Eurem Liebespartner. Wenn Ihr solo seid, habt Ihr exzellente Chancen, jemanden für Euch zu begeistern. Das Jahr geht also sehr verheißungsvoll zu Ende.

Wenn Ihr ein persönliches Jahreshoroskop bei mir buchen wollt, seid Ihr natürlich herzlich willkommen! Ihr könnt es über meine Homepage bestellen unter www.antonialangsdorf.com/beratung oder Ihr ruft direkt auf meinem Kundentelefon an unter der Nummer: +49-221-96972671 (zum Festnetztarif).

Webinare mit Antonia
Im Januar habe ich zwei wichtige Webinar-Termine für Euch: Am Freitag den 12. Januar 2018 um 17 Uhr gibt es einen Online Workshop über Saturn im Steinbock mit dem Titel **"Saturn-Probleme heilen"**. Ich freue mich darauf, Euch aus meinem Erfahrungsschatz ein paar goldene Regeln mitzugeben, wie Ihr den Saturn Transit erfolgreich und gesund meistern könnt. Von mir bekommt Ihr nur solche Anregungen, die Euch wirklich was nützen und von denen ich weiß, dass sie funktionieren. Da bin ich ganz der praxisorientierte Steinbock!

Am Freitag den 19. Januar um 17 Uhr leuchten **"Antonias Sterne"**. Das ist ein Webinar mit maximal 12 Teilnehmern in einer kleinen exklusiven Gruppe und jeder kann mir eine spezifische Frage zum persönlichen Horoskop stellen.

Dieses Webinar findet das ganze Jahr über monatlich statt. Die aktuellen Termine veröffentliche ich regelmäßig auf meiner Homepage.

Mein besonderer Dank gilt meinem Partner, dem amerikanischen Astrologen und Wirtschaftsexperten Ray Merriman.

Ich habe viele Gespräche mit ihm geführt, um die Jahreshoroskope vorzubereiten und ich möchte Euch sein Buch "Voraussagen für 2018" wärmstens empfehlen. Vor allem wenn ihr Euch auch für Finanzen und Wirtschaftstrends interessiert. Es umfasst rund 200 Seiten, kostet 59 € und ist ab dem 31. Dezember erhältlich.

Ihr könnt das Buch über Ray Merrimans deutschsprachige Homepage bestellen: www.mma-europe.ch